Peter Goldscheider
Heinz Zemanek

Computer
Werkzeug der Information

Unter Mitarbeit von

Heinz-Peter Chladek
Franz Lenk
Walter Pachl
Manfred Stadler

Mit 76 Abbildungen

Springer-Verlag
Berlin Heidelberg New York 1971

Ing. Heinz-Peter Chladek, Dipl.-Ing. Franz Lenk, Dipl.-Ing. Walter Pachl,
Dipl.-Ing. Manfred Stadler, Professor Dr. Heinz Zemanek
IBM Österreich, Laboratorium Wien

Dr. Peter Goldscheider, IBM Österreich, Wien

ISBN 3-540-05406-5 Springer-Verlag Berlin Heidelberg New York
ISBN 0-387-05406-5 Springer-Verlag New York Heidelberg Berlin

Das Werk ist urheberrechtlich geschützt. Die dadurch begründeten Rechte, insbesondere die der Übersetzung, des Nachdruckes, der Entnahme von Abbildungen, der Funksendung, der Wiedergabe auf photomechanischem oder ähnlichem Wege und der Speicherung in Datenverarbeitungsanlagen bleiben, auch bei nur auszugsweiser Verwertung, vorbehalten.

Bei Vervielfältigung für gewerbliche Zwecke ist gemäß § 54 UrhG eine Vergütung an den Verlag zu zahlen, deren Höhe mit dem Verlag zu vereinbaren ist.

© by Springer-Verlag Berlin · Heidelberg 1971. Library of Congress Catalog Card Number 70-155 372 Printed in Germany. — Die Wiedergabe von Gebrauchsnamen, Handelsnamen, Warenbezeichnungen usw. in diesem Werk berechtigt auch ohne besondere Kennzeichnung nicht zu der Annahme, daß solche Namen im Sinne der Warenzeichen- und Markenschutz-Gesetzgebung als frei zu betrachten wären und daher von jedermann benutzt werden dürften.

Umschlagentwurf: W. Eisenschink und J. Tesch

Satz-, Druck- und Bindearbeiten: Offsetdruckerei J. Beltz, Hemsbach/Bergstr.

Vorwort an den Käufer

Es gibt eine Fülle von Informationen über Computer, in Zeitschriften und in Büchern. Unser Buch, das im Verbund mit einer zehnteiligen Fernsehsendung erscheint, will kein neues Lehrbuch sein mit dem Anspruch, all das zu ersetzen. Es will aber ein lebendiges Bild vom Computer geben, ohne trockenen Professionalismus und ohne leichtfertiges Halbwissen. Es will zeigen, wie viel man mit dem Computer machen kann und wie er unser Leben beeinflußt.

Ist der Computer ein teures *Spielzeug der Technik,* ein *unheimlicher Roboter,* ein *Statussymbol* für Ämter, Firmen und Institutionen? Vielleicht hat er ein wenig von all dem, vor allem aber ist er *Werkzeug*. Jedes Werkzeug ist nützlich und gefährlich im gleichen Ausmaß, in dem es mächtig ist. Und der Computer ist ein ungeheuer mächtiges Werkzeug, immer noch am Beginn seiner Entwicklung, aber schon heute von größter wirtschaftlicher Bedeutung. Mit imponierender Geschwindigkeit erobert er sich neue Anwendungsgebiete und wird in rasch zunehmendem Maße an den entscheidenden Stellen von Wissenschaft und Technik, Wirtschaft und Politik eingesetzt. Selbst *Computer-Kunst* ist Wirklichkeit geworden.

Wer die heutige Welt verstehen und in ihr bestehen will, darf dem Computer nicht ausweichen. Wir hoffen, daß dieses Buch dem suchenden Leser einen Weg zum Computer bietet, den er sonst nicht leicht finden kann.

Manches wird, trotz unserer Bemühungen, im Dunkeln bleiben — bei einem Bild erhöhen dunkle Stellen die Wirkung. Unser lebendiges Bild soll weniger lehren als Vorstellungen hervorrufen. Mißverständnisse sollen verschwinden, Mystifikationen aufhören und ungerechtfertigte Begeisterung soll abklingen. Wir wollen Faszinierendes als trivial erweisen und Trivialem faszinierende Seiten abgewinnen. Es geht uns nicht darum, genau zu erklären, wie der Computer funktioniert, wir wollen zeigen, mit welchen Möglichkeiten wir es zu tun haben. Dem Betrachter der zehn Fernsehfolgen schließlich soll das Buch die Flüchtigkeit des ablaufenden Bildes in haltbaren Text einfangen, Ersatz leisten für versäumte Sendungen und in einigen Punkten nähere Auskunft geben.

Wien, am 5. Januar 1971　　　　　　　　　　　　　　　　Peter Goldscheider
　　　　　　　　　　　　　　　　　　　　　　　　　　　　Heinz Zemanek

Inhaltsverzeichnis

Vorwort an den Käufer V
Vorwort an den Leser XI

Kapitel 1
Gipfelpunkt der Mechanik 1
(Automaten)
Der Computer als Krönung der Automatenbaukunst — Künstliche Mägde des Hephaistos — Automatische Tempeltore — Mechanik und Materialismus — Niemand hat Angst vor seinem Kühlschrank — Wahlhochrechnung — Die Imperfektion des Automaten und des Menschen

Kapitel 2
Komplikation durch Kombination 19
(Lernen und Forschen)
Unser Kampf mit der Informationsflut — Automaten, die lernen, und Automaten, die lehren — Das traurige Schicksal des Hofingenieurs Daidalos — Ein abstrakter Wollfaden — Lehrmaschinen — Das Bit ist das Atom der Information — Kinder und Computer rechnen mit den Fingern — Der Computer als Zeichenersetzungsautomat — Der Algorithmus

Kapitel 3
Die Kunst, unfehlbare Rezepte zu schreiben 41
(Das Programm)
Der Automat, der Sie programmiert, ihn zu programmieren — Überall Routinen — Einjährig-Freiwillige rechnen eine Optik — Babbage erfindet den Computer und scheitert — Flußdiagramme — Ein einfaches Beispiel

Kapitel 4

Die Welt in der Nußschale   53
(Speicher)

Sammeln und Aufbewahren, eine Grundfunktion des Lebens — Der Speicher, eine lange Reihe von Behältern mit Adressen — Der Wald explodiert nicht, er wächst — Wie weit das Gehirn ein Computer ist und wie weit nicht — Der Weg zur aktenlosen Geschäftsführung

Kapitel 5

Schein und Sein der Zeichenkette   69
(Form und Inhalt)

Merkwürdigkeiten der Information — Software + Hardware = Computer — Auch beim Computer gilt 2 + 3 = 5. Aber wie rechnet er es? — Die selben Zeichen, viele Träger — Hier spricht der Computer — Fünf verschiedene Arten der Information

Kapitel 6

Die Nervenzentrale des Fließbandes   89
(Prozeßsteuerung)

Was ist die sogenannte Zweite Industrielle Revolution wirklich? — Ein Hauptproblem unserer Zeit ist die Zeit — Freiheit: Wahl zwischen Alternativen — Das Addierwerk als Sonderfall einer Gruppe von 10^{154} Schaltungen — Die größte Zahl, die je betrachtet wurde

Kapitel 7

Die Technik, ein vorwiegend menschliches Problem 101
(Mensch und Maschine)

Aus einem „Traktat über die Maschinen", erschienen 1869 — Der Roboter ist eine Fehlkonstruktion — Die neue Maschine — Der Computer braucht Menschen — Am Ende des 20. Jahrhunderts wird Europa 3 Millionen Computerspezialisten haben — Die Forderung für die nächste Zukunft: Leichte Kommunikation zwischen Mensch und Computer — Präzision und Verständlichkeit als überbrückbarer Widerspruch

Kapitel 8

Kunst aus der Maschine 115
(Computerkunst)

Komprimierte Geschichte der automatischen Kunst — Kunstfertige Automaten als Traum und als Wirklichkeit — Die klassische Notenschrift: eine fast formale Programmierungssprache — Klassiker komponieren für Automaten — Der Zufall als Hilfsmittel der Kunst — Das Componium, die Komponiermaschine aus dem Jahre 1821 — Klang aus der Schaltung: Elektronische Musik — Komposition mit Algorithmen — Prozeßsteuerung in der Kunst — Kunst und Computer — Zufall und rationale Ästhetik — Computergraphik — Programmierte Filme — Zwölftonmusik erzeugt eine Graphik

Kapitel 9

Der Computer als Werkzeug des Managers. 145
(Die Kunst des Führens)

Der unentbehrliche Dirigent — Die Kunst des Entscheidens — Vom Abakus zum Computer — Fünf mal zehn Jahre Computerentwicklung — Futurologie des Computers — Wie die Parameter des Computers weiterwachsen werden — Von der Datenbank zum Projekt-Management — Privacy: Wo der Computer gefährlich werden kann

Kapitel 10

Die Lehre vom Lenken 169
(Kybernetik)

Ein Wort macht Karriere — Wie der Ist-Wert zum Soll-Wert wird — Die kybernetischen Grundmodelle — Ultrastabilität, die Superkonstanthaltung — Die Lehrmaschine von Gordon Pask — Definitionen der Kybernetik — Schlußwort

Anhang

Komprimierte Geschichte des Automaten 191
Komprimierte Geschichte des Computers 193
Einige Begriffe 197
Namenverzeichnis 209
Bildnachweis 217

Vorwort an den Leser

Dieses Buch ist als Begleitmaterial zu der zehnteiligen Fernsehfolge „*Computer*" brauchbar, vermittelt aber auch unabhängig von den Sendungen eine Einführung in die Welt der Computer, in die Entstehungsgeschichte, die Technik und die Anwendungsmöglichkeiten.

Der guten Absicht, schwierige Gegenstände oder Zusammenhänge einfach zu erklären, sind Grenzen gesetzt. Auch das beste Sachbuch kann nun einmal nicht ein Studium ersetzen. Und dann — Hand aufs Herz, oh Fachmann! — wieviel hat auch der Spezialist nicht vollständig verstanden?

An das meiste im Leben gewöhnt man sich nur und weiß so, Tücken und Fehlschläge zu umgehen. Der Nichtfachmann darf also eine Reduktion der Unklarheit erwarten, nicht aber ihr völliges Verschwinden. Der Fachmann mag einige Gedanken finden, die ihm in dieser Ideenverbindung nicht gegenwärtig waren.

Während der eine der beiden Verfasser für die Themenauswahl und für die wissenschaftliche Grundsätzlichkeit verantwortlich war, frühere Arbeiten auswerten konnte und dem Abschnitt über Kunst besondere Mühe zuwandte, hat sich der andere stärker mit der Anordnung des Stoffes und mit den Anwendungsbeispielen beschäftigt.

Um das Verständnis zu erleichtern, haben wir uns bemüht, komplizierte Begriffe dort zu erklären, wo sie im Buch das erste Mal auftreten. Zum schnellen Nachschlagen folgt im Anhang die Erläuterung ausgewählter Begriffe, die als Lesehilfe, nicht aber als verbindlich gemeinte Definitionssammlung verstanden werden möchte. Zum gleichen Zweck schließt sich auch ein Verzeichnis ausgewählter Namen an, das mit kurzen Kommentaren versehen ist.

Wenn uns unsere Absicht, den Computer als zentrale Erscheinung des 20. Jahrhunderts deutlich zu machen, gelungen ist, und wenn wir dazu beitragen können, die Spannung zwischen dem rasanten Fortschritt der Informationsverarbeitung und seiner Reflexion im Bewußtsein des Lesers zu verringern, dann hat das Buch seinen Zweck erfüllt.

Den Mitarbeitern des IBM Laboratoriums Wien und des Springer Verlages, ohne deren ausdauernde Mithilfe es nicht gelungen wäre, das Manuskript pünktlich für den Beginn der Fernsehreihe abzuschließen, sprechen wir unseren Dank aus.

P. G.
H. Z.

Kapitel 1

Gipfelpunkt der Mechanik (Automaten)

Der Computer als Krönung der Automatenbaukunst
Künstliche Mägde des Hephaistos
Automatische Tempeltore
Mechanik und Materialismus
Niemand hat Angst vor seinem Kühlschrank
Wahlhochrechnung
Die Imperfektion des Automaten und des Menschen

Der Computer als Krönung der Automatenbaukunst

Der Automat ist das Ziel der technischen Entwicklung. Der Mensch soll nicht nur körperlich und geistig entlastet werden, er soll sich um die Dienste der Technik überhaupt nicht kümmern müssen — sie sollen von selbst ablaufen. In diesem Sinn war die Technik vor dem Computer-Zeitalter nur Vorbereitung. Was an Automaten auch hervorgebracht wurde, blieb Einzelfall und Sonderdienst. Es bedurfte der Information als technischer Dimension und der Elektronik als Technologie, um die gleiche Integration zu erzielen, die das Gehirn im menschlichen Körper gewährleistet. Der Computer wird in dieser Sicht zur Krönung der Automatenbaukunst, und zwar nicht nur, weil er die Möglichkeiten der Elektronik bis zur Neige ausschöpft, sondern vor allem, weil er durch das Zusammenspiel aller seiner Teile zur menschlichsten aller Schöpfungen der Technik geworden ist. Seine Abläufe kommen bis an die Lichtgeschwindigkeit heran, und seine kürzesten Schritte sind schon heute in der Gegend von Milliardstelsekunden — sie werden noch kürzer werden. Die Speicherkapazität des Computers ist dabei, über die Kapazität aller anderen Speicher hinauszuwachsen — die Großbibliothek nicht ausgenommen.

Die wichtigste Eigenschaft des Computers aber ist seine universelle Struktur, in welcher er dem menschlichen Körper nahekommt. Verbunden mit künstlichen Sinnesorganen und ausführenden Werkzeugen wird der Computer zur universellen Superstruktur, zur letzten Verallgemeinerung des Hebels, der seit der Urzeit die Muskelkraft des Menschen verstärkt. Der Computer verstärkt fast alle Kräfte des Menschen — aber nicht alle. Er ist der Gipfelpunkt der Mechanik: was immer mechanisierbar ist, der Computer übernimmt die Ausführung.

Nicht alles freilich ist mechanisierbar, das vergessen wir in unserer Begeisterung für die Technik oder in ihrer bequemen Benutzung nur allzu leicht und allzu gerne. Auch der Computer hat seine Grenzen, und er bleibt ein Werkzeug — ein abstraktes Werkzeug freilich, das seine Natur nicht ständig offenbar bleiben läßt. Den Computer durchschaut man nicht leicht, vielleicht gerade weil seine Teile und seine Funktionen von idealer Transparenz sind. Dem Verständnis steht die Unzahl der Kleinteile — Bauteile wie Abläufe — wie ein Dickicht entgegen, durch das man sich, Fachmann wie Laie, kaum durcharbeiten kann.

Abb. 1 Alle Computer sehen so ziemlich gleich aus (das heißt, sie sehen eben überhaupt nicht aus). Sie unterscheiden sich nicht durch Gesichtszüge, sondern durch innere Tugenden

Künstliche Mägde des Hephaistos

Der Computer ist ein Automat und als solcher Sproß einer uralten Familie, denn die Automaten sind nicht — wie oft behauptet wird — Geschöpfe unseres technischen Zeitalters. Schon Homer beschreibt künstliche Mägde, die sich Hephaistos, der Gott der Schmiede, gebaut hat, und läßt in der *Odyssee* künstliche Hunde in Hexametern bellen. Apollodoros beschreibt uns die tragische Geschichte eines Wächterautomaten der Insel Kreta, den die Argonauten mit einem unfairen Trick unschädlich machten: sie entfernten einen Stöpsel, wodurch der Blutkreislauf unterbunden wurde, und dagegen wußte sich der Wächter keinen Rat; ein sich leider nicht selbst-reparierender Automat.

Automatische Tempeltore

So stammt auch das erste Handbuch der Automation nicht etwa aus dem zwanzigsten, sondern aus dem ersten Jahrhundert nach Christus. Heron von Alexandria beschreibt in seinen Büchern *Pneumatica, Automata* nicht nur Weihwasserautomaten mit Münzeinwurf und Tempeltüröffner (Abb. 2), deren Automatik vom Opferfeuer Energie und Auslösesignal bezog, sondern unterbreitet auch zahlreiche Vorschläge für gewichtsbetriebene Automatentheater. Auch sonst ist die Lektüre Herons durchaus zeitgemäß, denn seine Hinweise auf die Psychologie des Geldgebers dürfen ohne Übertreibung als Vorläufer der modernen Verkaufspsychologie gelten.

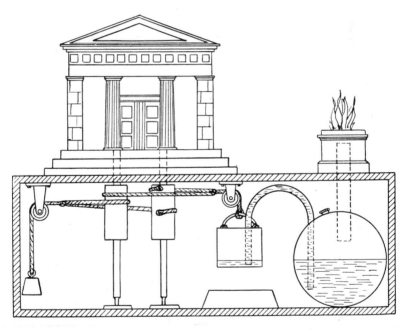

Abb. 2 Automation vor 2000 Jahren: sobald das Opferfeuer richtig brennt, öffnen sich die Torflügel vollautomatisch, und wenn es heruntergebrannt ist, schließt sich das Tempeltor wieder. Mechaniker und Handbuchverfasser Heron (100 n. Chr.) war ein Ingenieur mit intuitiver Psychologie

Mechanik und Materialismus

Über die Entwicklung der Mechanik und der Automatenbaukunst während der nächsten Jahrhunderte ist wenig zu berichten. Das Wissen und die Schriften der alten Griechen werden aber konserviert. Auch die arabische Welt nimmt das Gedankengut auf und bringt einige neue Gesichtspunkte mit ein. Erst in der Renaissance werden diese Quellen wieder für Europa erschlossen, und die Vorbereitungen für das technische Zeitalter laufen an. Es beginnt sozusagen bei den großen Kirchenuhren, denen automatische Spielwerke angegliedert werden. Dort ist übrigens der Ursprung des Trommelspeichers, denn schon sehr früh — vom 14. Jahrhundert an — findet man Glockenspiele, die von metallenen Trommeln mit auswechselbaren Stiften betrieben werden. Diese Steuerung nach einem vorgegebenen Programm ist eine sehr alte Technik, deren Anfänge sich nicht leicht zurückverfolgen lassen.

Descartes gibt 1734 in seinem *Discours de la méthode* die theoretische Grundlage für die weitere Entwicklung der mathematischen und physikalischen Forschung. Die verstärkte Beschäftigung mit den Naturwissenschaften führt auch zu einem gesteigerten Interesse an Automaten. Das Spielerische macht allmählich der Nützlichkeit Platz, und in der Aufklärungszeit kommt der mechanistische Materialismus zum Ausbruch. Die ersten Rechenmaschinen werden gebaut, 1623 von Wilhelm Schickart (Abb. 3) und 1641 von Blaise Pascal. Pascal erkennt auch die philosophische Tragweite seines Gerätes; er sagte von ihm: „Die Rechenmaschine schafft Ergebnisse, die dem Denken näher kommen als alles, was die Tiere leisten." Man geht aber noch viel weiter. Der mechanische Ablauf der Körperfunktionen lädt dazu ein, Organismen als Uhrwerke zu sehen, und der französische Arzt de la Mettrie schreibt 1748 das Aufsehen erregende Buch *L'homme machine,* in welchem er den Beweis zu führen versucht, daß der Mensch nichts anderes sei als ein höchst komplizierter Mechanismus. Solche Gedanken und Vorstellungen fördern Naturwissenschaft und Mechanik. Mit der Uhr — sozusagen Modell des Himmelsgeschehens für die praktische Benutzung — tritt das Handwerk in das Zeitalter der angewandten Naturwissenschaft ein. Die großen Mechaniker des 18. Jahrhunderts bauen wunderschöne Automaten und treffen damit den Geschmack ihrer Zeit. Das Rokoko ist geradezu vernarrt in sie, der Hof gerät in Verzückung, die Stadt in Aufruhr, wenn ein Automatenschausteller eintrifft, jeder muß sie gesehen haben. Man ist für Marionettenspiele begeistert und liebt Theaterstücke, in denen Automaten auftreten.

In einigen europäischen Städten haben sich historische Automaten erhalten, z. B. in Dresden, Kopenhagen, München, Neuchâtel, Prag und Wien.

Abb. 3   Die Rechenuhr von Schickart. Schickart hatte 1623 (im Geburtsjahr von Pascal) eine — nicht völlig automatische — Vierspeziesmaschine gebaut, die leider bald verbrannte. Da genaue Angaben fehlen, weiß man nicht, ob diese Nachbildung aus dem Jahre 1954 maßstabgetreu ist

Abb. 4a—c Die Ritterspieluhr — der schönste Automat der Welt. Von der Uhrmacher- und Mechanikerfamilie Knaus vermutlich in Darmstadt um 1730 gebaut, steht sie heute in der Wiener Hofburg. Drei „Sträußen" zwischen Rittern

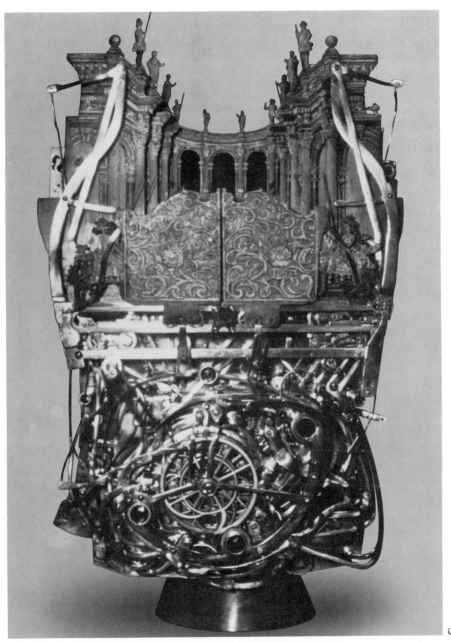

c

folgt ein „Mohrenstechen" mit zwei Durchgängen. Die Ablaufgeschwindigkeit des Automaten ändert sich je nach Programmabschnitt. a und b zeigen Szenen aus dem Ritterspiel, c gibt einen Einblick in die geöffnete Uhr

Nicht alle diese Automaten nehmen den gebührenden Platz in den Sammlungen ein; manche stehen isoliert und finden daher nicht die Beachtung, die sie verdienen.

Der wohl schönste Automat, den es gibt, ist die Ritterspieluhr in den Maria-Theresianischen Räumen der Wiener Hofburg, ein Werk der Mechaniker-Familie Knaus (Abb. 4a—c). Der Landgraf von Hessen schenkte der Kaiserin Maria Theresia und dem Kaiser Franz Stefan zu ihrem 10. Hochzeitstag die sogenannte Vorstellungsuhr, ein übermannshoher Automat, in den 70 kg Silber verarbeitet wurden und der eine Huldigungsszene ablaufen läßt, wann immer man die Auslösung betätigt (Abb. 5). Vater Knaus und zwei Söhne sowie zahlreiche weitere Handwerker hatten fünf Jahre an diesem Gerät gearbeitet. Beide Söhne traten später in österreichische Dienste, wo Friedrich als Hofmechaniker für Kaiser Franz einen Schreibautomaten baute (Abb. 6a u. b), 100 Jahre vor Erfindung der Schreibmaschine. Die Ritterspieluhr aber ist das schönste Werk, das die Habsburger aus dem Nachlaß der Familie Knaus erwarben. Auch bei ihr ist die Vorstellung unabhängig von der Uhr. Man kann sie jederzeit auslösen. Ein Tor öffnet sich, die Teilnehmer am Ritterspiel ziehen auf und gehen dann in ihre Ausgangspositionen. Bei drei Kämpfen wird ein Ritter vom Pferd gestoßen, der zweite verliert seinen Helm und dem dritten wird die Lanze gebrochen. Dann bringt ein Knappe einen Mohrenkopf und stellt ihn auf ein Postament. Ein Reiter zieht seine Lanze, spießt den Mohrenkopf auf, hebt ihn triumphierend in die Höhe und reitet nach links ab. Und weil diese Szene so schön ist, kommt sie gleich auch noch ein zweites Mal.

Es gibt zahlreiche und dicke Bücher über Automaten, und doch ist immer noch nicht alle Information über diese Wunderwerke vergangener Jahrhunderte zusammengetragen.

Abb. 5   Mit der „Vorstellungsuhr" reiste die Uhrmacherfamilie Knaus im Jahre 1745 nach Wien, damit dem Kaiserpaar das Geschenk des Landgrafen von Hessen zum 10. Hochzeitstag rechtzeitig übergeben werden konnte. Wenn man den Automaten auslöst, läuft eine Huldigungsszene mit Glockenspielbegleitung ab

Abb. 5

Abb. 6a u. b Der Schreiber ist ein Werk des Hofmechanikers Friedrich von Knaus für Kaiser Franz I zu seinem Geburtstag im Jahre 1760. Die Buchstabenformen sind analog auf Gleitkämmen gespeichert, der Text wird digital auf einer metallenen Speichertrommel mit Stiften programmiert

Abb. 6b

Niemand hat Angst vor seinem Kühlschrank

Es wäre vergnüglich, die Geschichte der Automaten weiter zu verfolgen, von den Vogeluhren bis zu den Verkaufs- und Produktions-Automaten des späten 19. und frühen 20. Jahrhunderts. Das Spielerische ging in dieser Zeit fast völlig verloren, der Automat wird zum Gebrauchsgegenstand. Es ist daher eigentlich nicht verständlich, warum die elektronischen Automaten auf manche Leute einen unheimlichen Eindruck machen, warum Automaten immer wieder Angstgefühle hervorbringen. Automaten begleiten uns seit der Urgeschichte; in Afrika haben Wildfallen heute noch die gleiche Form wie die Fallen unserer Vorfahren vor vielen hundert Jahren. Die Mausefalle ist ein Modellfall eines Automaten (Abb. 7). Alle wesentlichen Elemente sind vorhanden: die Energieversorgung, dargestellt durch die gespannte Feder, und die Nachrichtenkreise, in diesem Falle zwei: Der Speck, der Locksignale aussendet, und der Berührungsmechanismus, der die Falle auslöst. Gleiches gilt für den Computer, der auch seine Energieversorgung besitzt und wo automatische Auslösungen Abläufe in Gang setzen, nur eben sehr viel komplizierte. Die Mausefalle ist nichts als ein nützliches, selbsttätiges Werkzeug, und solche gibt es mehr und mehr um uns. Niemandem ist eine Mausefalle unheimlich, niemand hat Angst vor seinem Kühlschrank. Auch er ist natürlich ein typischer Automat, ein unauffälliger Diener, dem man nur dann Beachtung schenkt, wenn er einmal nicht funktioniert. Soweit wird es mit dem Computer ebenfalls kommen. Vorläufig aber braucht er noch ein bißchen Propaganda, ein bißchen Reklame — man muß ihn popularisieren. Zwei Aufgabenstellungen haben dazu bisher am besten beigetragen: der Computer bei der Sportveranstaltung und der Computer bei der Wahlhochrechnung.

Wahlhochrechnung

Bei der Wahlhochrechnung muß der Computer Information ermitteln, die noch nicht vorliegt. Dazu wird die Wahrscheinlichkeitsrechnung verwendet. Das ist eine exakte mathematische Disziplin, die dem Computer Rechenvorschriften liefert. In der Wahlnacht versucht man, von bereits eingetroffenen Teilergebnissen auf das Endergebnis zu schließen. Dafür gibt es eine Reihe von Methoden und Tricks. Man braucht nicht alles zu erraten: Die Ausgangsdaten bestehen aus den Ergebnissen vom letzten Mal und aus den einlaufenden Ergebnissen der auszuwertenden Wahl.

Abb. 7 Die Mausefalle ist ein echter Automat. Sie hat ihre Energieversorgung und zwei Nachrichtenkreise: den Sender Speck zum Mäuselocken und den Auslösemechanismus, der sie im richtigen Augenblick zum Zuschnappen bringt

Das Verfahren wird die Wahlarithmetik berücksichtigen müssen und alle Zusammenhänge einzubeziehen versuchen, die sich eignen. Und all dies zusammen ergibt Rechenarbeit und wieder Rechenarbeit. Nur der Computer kann sie in der knappen Zeit zwischen Eintreffen und sinnvollem Vorhersagezeitpunkt bewältigen.

Im Beispiel der Abb. 8 wird die Grundfrage an einem ganz einfachen Beispiel erläutert: es werden drei Parteien angenommen, und aus einem Kreis und einer Stadt sind die Ergebnisse schon eingelangt. Dazu hat man die Ergebnisse der letzten Wahl, einschließlich der letzten Endergebnisse. Wie sehen die wahrscheinlichsten Endergebnisse von diesmal aus?

Was man bei dieser Aufgabenstellung besonders schön sehen kann, ist der Unterschied zwischen der fehlerlosen Rechnung des Computers und der fehlerbehafteten Voraussage. Es kommt eben nicht nur auf den Rechnungsgang an, sondern auch auf die Ausgangsdaten und das Verfahren. Der Computer haftet sozusagen nur für die getreue Ausführung seines Anteils.

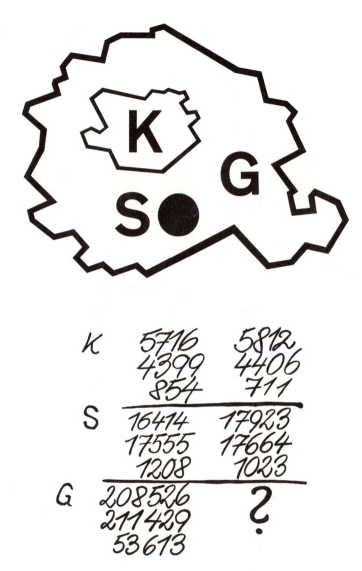

Abb. 8 In der Wahlnacht wird von Teilergebnissen auf das vermutete Endergebnis „hochgerechnet". Das Programm berücksichtigt die Wahlarithmetik und errechnet die Mandatsverteilung

Die Imperfektion des Automaten und des Menschen

Auch dem Gipfelpunkt der Mechanik, dem elektronenschnellen und funktionsperfekten Computer gegenüber, muß man sich ein gesundes Maß an Mißtrauen bewahren. Der perfekte Ablauf, zum Beispiel, garantiert noch lange nicht das perfekte Resultat. Die Perfektion der Maschine ist die ehrliche Absicht des Ingenieurs; der Computer ist als perfekter Rechen- und Logiksklave geplant. Aber nicht nur bleibt auch elektronisches Menschenwerk gebrechlich und bedarf der Wartung (man kauft nicht nur einen Computer, sondern auch den Wartungsdienst — was man besser in die Anschaffungsüberlegung einbezieht, als es der späteren Erfahrung zu überlassen), die Art der Benutzung ist ebenso wichtig wie die verläßliche Funktion.

In der Benutzung aber tritt die menschliche Imperfektion als Gegenspieler der Technik auf. Wenn man sich überlegt, daß außerdem die Daten für den Computer heute noch häufig aus menschlicher Hand stammen, daß die Programme von menschlicher und nicht von maschineller Verläßlichkeit abhängen, dann sieht man ein, daß der Computer keine Chance hat, immer recht zu haben.

Kapitel 2

Komplikation durch Kombination (Lernen und Forschen)

Unser Kampf mit der Informationsflut
Automaten, die lernen, und Automaten, die lehren
Das traurige Schicksal des Hofingenieurs Daidalos
Ein abstrakter Wollfaden
Lehrmaschinen
Das Bit ist das Atom der Information
Kinder und Computer rechnen mit den Fingern
Der Computer als Zeichenersetzungsautomat
Der Algorithmus

Unser Kampf mit der Informationsflut

Die Umwelt eines Kleinkindes ist geheimnisvoll und voller neuer Eindrücke. Nie wieder im Leben hat ein Mensch mit einer so ungeheuren Informationsflut zu kämpfen, hat er so viele neue Daten zu bewältigen, wie als Baby. Selbst wenn wir uns vorzustellen versuchen, wir seien mitten im Urwald ausgesetzt worden und dauernd einer neuen akustischen und optischen Kulisse gegenübergestellt, können wir nur schwer ermessen, wie schwierig die Umweltsverarbeitung für ein Kleinkind ist.

Darüber hinaus ist ein Baby in der unangenehmen Lage, laufend Nachrichten empfangen zu müssen und nur schwer Informationen weitergeben zu können, die die ungeteilte Aufmerksamkeit der Umwelt erhalten. So ist sein unartikuliertes Geschrei der erste Ruf nach Anerkennung, das erste Bemühen um Selbstbestätigung. Trotzdem steckt in dieser scheinbar ungeordneten Erregung von Lärm für das geübte Ohr der Eltern eine Fülle von Information. Ein Kind kann doch wenigstens einen Teil seiner Gedanken und Gefühle ohne Wortschatz und ohne Beherrschung der Sprachregeln vermitteln.

Für den Erwachsenen ist die Umwelt wohl vertraut. Er hat es gelernt, sich auf die für ihn wesentlichen Dinge zu konzentrieren und das Unwesentliche zu ignorieren. Setzt man aber etwa einen Eskimo im Urwald aus und bringt ihn dadurch in eine ihm völlig fremde Umgebung, dann entspricht seine Situation in mancher Beziehung der des Kleinkindes. Jedes Geräusch beunruhigt ihn, da er es nicht kennt. Sein Leben wird erst wieder ruhig, sobald er sich mit der neuen Umwelt angefreundet hat. In unserer Zeit, in der die Information von heute nur zu schnell zu Makulatur wird, verändert sich unsere Umwelt zwar nicht schlagartig, aber doch schnell und einschneidend. Wenn wir uns in der Welt von morgen behaupten wollen, müssen wir uns also der *éducation permanente*, der ständigen Erziehung, unterwerfen. Das betrifft den Einzelnen genauso wie Unternehmen, Behörden oder Staaten.

Automaten, die lernen, und Automaten, die lehren

Mitschuld an der Wandlung unserer Welt tragen die Automaten. Sind auch sie der *éducation permanente* zu unterwerfen, müssen sie belehrt werden und können sie lernen? Nun, es gibt Automaten, die lernen, und Automaten, die lehren. Beides vermögen sie zwar nicht mit der Intelligenz und der Allgemeinheit des lernenden und lehrenden Menschen, aber mit der Gründlichkeit und

Präzision, die ihnen zu eigen ist. Wenn wir einer Schulklasse beim Aufsagen des kleinen Einmaleins zuhören, wird es uns klar, daß es sich beim Lernvorgang im Menschen auch oft um die Aneignung von Automatismen handelt, die später völlig unbewußt ablaufen. Der Student lernt anders: er muß erst erkennen, was für ihn wesentlich ist und was er sich merken will. Das Studium ist mehr als ein Lernvorgang, und die Didaktik ist für einen Hochschulprofessor nicht die oberste Tugend.

Das Wort *Lernen* auf den Automaten angewendet ist also kein Mißbrauch, und über lernende Automaten und Lernprogramme im Computer ist schon viel geschrieben worden. Wenn die praktischen Anwendungen auch nicht die glühenden Hoffnungen der Pioniere dieses Feldes erfüllt haben, so verdient der lernende Automat dennoch Beachtung aus Gründen der Einsicht. Es folgt hier aber kein Traktat über den Gegenstand, sondern nur ein Beispiel, ein Automat, der sich in einem Labyrinth zurecht zu finden lernt.

Das Labyrinth entstammt einem Kapitel der Mythologie, das so sehr mit der griechischen Ingenieurkunst zu tun hat, daß es angebracht erscheint, eine Kurzfassung davon zu geben, und zwar in der Sprache des Ingenieurs. Auch jener Kenner der griechischen Sagen, dem diese Version auf den ersten Blick befremdlich erscheint, wird nach sorgfältigem Quellenstudium zugeben müssen, daß nur die Worte, nicht aber die geschilderten Ereignisse aus dem Rahmen der klassischen Mythologie fallen.

Das traurige Schicksal des Hofingenieurs Daidalos

Zur Zeit des Königs Aigeus war Athen der Insel Kreta tributpflichtig. Alljährlich mußten sieben Jünglinge und sieben Jungfrauen von Athen nach Kreta versandt werden, um dem Minotauros zum Fraße vorgeworfen zu werden. Dieser Minotauros, ein gewaltiger, mit den Göttern verwandter Stier, wohnte im Labyrinth, einem Palast von verwirrender Weiträumigkeit und unübersichtlicher Anlage, in dem sich die Opfer jedesmal hoffnungslos verirrten. Theseus, der Sohn des Königs Aigeus von Athen, meldet sich freiwillig unter die sieben Jünglinge, in der Absicht, Athen vom Tribut zu befreien.

Auf Kreta angekommen, macht er sich an Ariadne, die Tochter des Königs Minos, heran und verführt sie dazu, etwas für seine Rettung zu unternehmen. Ariadne erhält vom Hofingenieur, der das Labyrinth erbaut hatte, einem gewissen Daidalos, den Lösungsalgorithmus in Form weiblicher Hardware*,

---

* Siehe Verzeichnis der Begriffe auf Seite 197.

nämlich eines Knäuels, der als Ariadnefaden sprichwörtlich geworden ist. „Wo er nicht liegt, war man auch noch nicht, und wo er doppelt liegt, ist eine Sackgasse — da mußte man wieder zurück." Mit diesem Prinzip kann man jedes Labyrinth lösen und daher ist auch Theseus erfolgreich. Es fällt auf, daß in allen Beschreibungen der gewiß nicht einfache Kampf mit dem Ungeheuer verblaßt gegen die erste Auflösung eines Labyrinths. Geistige Leistungen haben eben schon im Altertum die Umwelt beeindruckt, wenn sie auch schon damals mitunter mit einem unrichtigen Erfindernamen verbunden wurden.

Man versteht, daß König Minos ärgerlich wird, sobald man ihm den Verrat des Lösungsalgorithmus hinterbringt. Da seine Tochter indessen mit Theseus auf dem Athener Schiff durchgebrannt ist, rächt sich Minos wenigstens an seinem Hofingenieur, indem er diesen samt dessen Sohn Ikaros kurzerhand in das Labyrinth einmauern läßt. Dabei unterschätzt er aber den Erfindungsreichtum des guten Ingenieurs. Aus Federn abgeschossener Vögel und mit Wachs von im Labyrinth nistenden Bienen baut Daidalos zwei Paar Flügel. Vater und Sohn verlassen das Labyrinth und Kreta auf dem Luftwege. Leider schlägt der junge Mann die Mahnungen seines Vaters in den Wind, ja nicht von der vorgeschriebenen Luftstraße abzuweichen. Ikaros geht auf zu große Flughöhe und gerät in die Wärmestrahlung des Gegenverkehrs, wo fahrplanmäßig Gott Helios sein Sonnengefährt steuert. Das Wachs der Flügel schmilzt, und der hoffnungsvolle, aber undisziplinierte Jüngling stürzt ab. Immerhin wurde zu seinem Angedenken das entsprechende Meer nach ihm benannt. Daidalos hingegen landet glücklich in Ägypten und ersucht um politisches Asyl, das rasch gewährt wird. Ein Auslieferungsbegehren von König Minos wird mangels bestehender Abkommen aus prinzipiellen Gründen abgelehnt. Es kann nicht ausgeschlossen werden, daß die Ingenieurkunst eines Heron von Alexandrien aus einer Tradition erwuchs, die auf Daidalos zurückgeht.

Daß Theseus Ariadne auf Naxos allein zurückläßt, ist eine andere Geschichte.

Ein abstrakter Wollfaden

Die Überlegenheit des griechischen Königssohnes, der das Labyrinth im ersten Durchgang löst, über eine Maus, die sich zurechtfinden soll, zeigt den Nutzen der logisch-mathematischen Einstellung zur Umwelt.

Der amerikanische Mathematiker und Ingenieur Claude Shannon, dem auch die statistische Informationstheorie zu verdanken ist, baute das erste Modell für die automatische Orientierung. Sein Labyrinth wird auf fünf mal fünf quadratischen Feldern durch Stecken von Zwischenwänden ausgelegt. Ein Suchfinger, den er auch in die Form einer kleinen Maus gebracht hat und der von einem unter dem Labyrinthboden geführten Magneten bewegt wird, tastet sich von Feld zu Feld. Wenn ihn eine Wand aufhält, versucht er es in der nächsten Windrichtung, und ein Relais-Speicher hält die Windrichtung fest, in der die Maus das Feld zum letzten Mal verlassen hat. Die Information ist eine Entscheidung zwischen vier Möglichkeiten. Wenn die Maus nicht in eine Schleife gerät, wird sie das Ziel schließlich finden. Wenn das Suchen zu lange dauert, erkennt der Automat, daß sich der Suchvorgang in einer Schleife verfangen hat, der Suchfinger macht eine andere Wendung und wird mit großer Wahrscheinlichkeit aus der Schleife herausfinden.

Shannons Automat bildete die Struktur des biologischen Experiments nach, das Wiener Modell der Maus im Labyrinth nahm den Algorithmus von Daidalos hinzu. Eine abstrakte Form des Ariadnefadens unterstützt den Suchfinger bei der Orientierung in beiden Modellen.

War es bei Theseus die Liebe der Ariadne, die ihm zu dem Wollknäuel verhalf, so stehen dieser Maus 284 Relais zur Verfügung, in denen die Information über den bereits durchlaufenen Weg gespeichert wird. Es wird nicht nur die Richtung aufgezeichnet, in der ein Feld erfolgreich verlassen wurde, sondern auch die *Fadensituation*. Die vier Möglichkeiten sind

1. das Feld ist noch nicht betreten worden
2. das Feld ist erfolgreich verlassen worden
3. das Feld mußte (auf dem Rückweg aus einer Sackgasse) ein zweites Mal betreten werden
4. die Maus ist in Gefahr, eine Schleife zu schließen, das Feld darf nicht betreten werden; vielmehr wird in diesem Fall verfahren, als wäre dort eine (tatsächlich nicht vorhandene) Wand.

Mit dieser Information können alle Labyrinthformen gelöst werden, und das gilt mathematisch exakt. Was der Instinkt (und das darauf aufgebaute Modell) nur mit großer Wahrscheinlichkeit erreicht, löst die logisch-mathematische Methode des Ariadnefadens (und das darauf aufgebaute Modell) mit Sicherheit. Dieser Vergleich gilt nicht mit voller Allgemeinheit, aber er macht das Wesen des Fortschritts klar. Die abstrakte Überlegung ist der instinktiven oder intuitiven Methode überlegen — in dem Bereich, für den sie angestellt wurde und wenn sie gefunden werden kann. In dieser Gegenüberstellung liegen Macht und Ohnmacht des technischen Fortschritts. Denn die abstrakte Überlegung geht von gewissen klaren Voraussetzungen aus (die nicht stets wirklich klar sind); sie bedarf der präzisen Formulierung und der logischen Schlußfolgerung. Die instinktive Lösung ist durch angeborene Verhaltensweisen vorgeprägt. Die Korrektur oder Verstärkung durch den Verstand ist ein äußerst unsicheres, nur den Menschen mögliches Verhalten.

Lehrmaschinen

Während die lernenden Automaten noch einen weiten Weg vor sich haben, bis sie vom Spielzeug und wissenschaftlich interessanten Modell zum praktischen Werkzeug werden, sind uns lehrende Automaten schon wertvolles Hilfsmittel bei der Bewältigung unserer Lernprobleme. Wo liegen die Vorteile der *computer assisted instruction*, des computerunterstützten Unterrichts? Zu-

Abb. 9 Für die heranwachsende Generation wird der Computer eine Selbstverständlichkeit sein. Kinder lernen ohne Anpassungsschwierigkeiten am Computersystem. Maschinenschreiben macht vom Kindergarten an Spaß, und in den Lehrprogrammen können das Wissen erster Experten und die Erfahrung hunderter Unterrichtsstunden gespeichert werden. Der Lehrer soll frei von der Routine werden, statt in ihr zu versinken

nächst sorgt der Computer ebenso wie der gute Lehrer für die geeignete Auswahl und die *mundgerechte* Darstellung des zu vermittelnden Wissens. Während der eine Schulklasse unterrichtende Lehrer nicht auf die Bedürfnisse jedes einzelnen Kindes eingehen kann, ist dies dem Computer ebenso möglich wie etwa einem Privatlehrer. Er präsentiert den Stoff in überschaubaren Abschnitten und überprüft sofort, ob der Schüler das Dargebotene auch verstanden hat. Gibt der Schüler unrichtige Antworten, dann ist der Computer bereit, seine Ausführungen mit unendlicher Geduld zu wiederholen, bis das Lehrziel erreicht ist. Die geschilderten Vorteile würden den Aufwand vielleicht nicht rechtfertigen, den der Einsatz einer Datenverarbeitungsanlage für den Unterricht erfordert. Aber es gibt noch weitere Argumente. Zum Beispiel ist der Schüler nicht an bestimmte Unterrichtsstunden gebunden. Und hier müssen wir vor allem an die Erwachsenenbildung denken, an den Berufstätigen, der freie Stunden zu seiner Fortbildung ausnützen möchte. Ebenso kann die Bindung an einen bestimmten Unterrichtsort dadurch entfallen, daß man dem Schüler ein Gerät (Abb. 9) zur Verfügung stellt, das über Telefonleitungen an den bisweilen Hunderte Kilometer entfernten Computer angeschlossen ist. Erziehung kann dadurch auch in Gebiete getragen werden, wo die dünne Besiedlung die Errichtung von Schulen nicht rechtfertigt.

Das Bit ist das Atom der Information

Die Naturwissenschaft lehrt uns, daß die gesamte Schöpfung ca. 90 verschiedene Bausteine (Elemente) kennt. In ganz ähnlicher Weise sind alle Texte deutscher Sprache, denen wir begegnen, seien es Dichtungen, wissenschaftliche Beschreibungen oder Zeitungstexte, Kombinationen von 26 Buchstaben, 10 Ziffern und einigen Sonderzeichen (Abb. 10). Berücksichtigt man auch noch die Groß- und Kleinschreibung, so erhöht sich die Zahl der zum Aufschreiben solcher Texte notwendigen Zeichen auf etwa 90. Wieso gelingt es aber dann der Telegraphie, bei der Übertragung von Texten mit Punkten und Strichen auszukommen? Samuel Morse hat in dem nach ihm benannten Code eine Vereinbarung geschaffen, nach der jedem Zeichen eine bestimmte Kombination von Punkten und Strichen, also eine Kombination von 2 Elementen, zugeordnet wird. Diese Elemente werden in der Praxis als kurze und lange Stromimpulse realisiert. Für die Übertragung sind noch 3 Hilfselemente notwendig. Die Stromimpulse, deren Kombination ein Zeichen ergibt, müssen voneinander getrennt, und der Abstand zwischen Zeichen und Wörtern muß angezeigt werden. Verschieden lange Pausen zwischen den Stromstößen werden dazu verwendet. Ein im Morsecode verschlüsseltes Telegramm besteht also

ABCDEFGHIJKLMNOPQRSTUVWXYZÄÖÜ
abcdefghijklmnopqrstuvwxyzäöüß
1234567890
. , : ; ! ? - ' § + / = ( ) & % _ ´ ` <> { }
©®×ʆ∧≠→←↑\¶⌑◇$¢√~↓□△▽⊃∩∪〚 〛÷∘⊥⊤
∈○@*¬|#^•†∞≡±
α σ ϕ γ δ ε θ τ ζ ξ ι ο ρ π ω κ λ η υ χ ψ β ν μ
Γ Δ Θ ∇ Σ Φ Λ Ω Τ Я Ю Й З Э Щ Ж Ц Б Г

Abb. 10 Wie die Natur in all ihrer Schönheit und Macht aus etwa 90 Elementen kombiniert ist, so besteht alles Geschriebene aus der Kombination von wenigen Dutzend Zeichen, alles Gesprochene aus der Kombination von ungefähr gleich vielen Lauten — von der Lyrik bis zur Mathematik, vom Gespräch im Autobus bis zum Konversationslexikon

aus einer Kombination von 5 Elementen, die Übertragungsleitung kennt zu einem bestimmten Zeitpunkt nur 2 Zustände — Strom oder nicht Strom.

Im Computer hat man es schließlich nur mehr mit 2 Elementen zu tun, man verwendet das *Bit*, die einfache Entscheidung zwischen ja und nein.

Man kann viel sagen oder wenig, und was man sagt, kann viel Information enthalten oder wenig. Die geringste Information aber, die man geben kann, ganz gleich in welcher Form oder Bedeutung, ist die Entscheidung zwischen ja und nein. Alle Feinheiten, aber auch alle geringeren Bestimmtheitsgrade sind oder brauchen mehr Information. Die Ja-Nein-Entscheidung ist das Atom der Information, man nennt es auch das Bit. Die physische Größe dieses Atoms ist irrelevant. Das Bit kann in einem mikroskopisch kleinen Schaltelement stecken oder im meterhohen Eisenbahnsignal. Information wird in bit gemessen (als Maßeinheit muß man das Bit in wissenschaftlichen Texten klein schreiben und setzt es nicht in die Mehrzahl). Wir können die Elemente mit Null und Eins bezeichnen, um eine mathematische Darstellung zu haben, die Logiker ziehen die Bezeichnungen *falsch* und *wahr* vor (Abb. 11). Die Repräsentation des Bits erfolgt in der Schaltkreistechnik durch einen geschlossenen oder offenen Stromkreis, in der Stromstoßtechnik durch einen vorhandenen oder nicht vorhandenen Impuls.

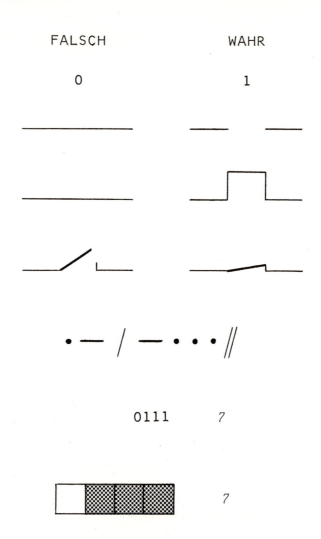

Abb. 11 Das Atom der Information heißt „Bit" und ist eine Entscheidung zwischen zwei Möglichkeiten — zwischen falsch und wahr oder 0 und 1, zwischen offen und geschlossen (das Eisenbahnsignal zeigt 1 Bit). Im Computer ist ein Bit ein eintreffender oder ausfallender Stromstoß oder sonst eine physikalische Erscheinung mit kurzer Reaktionszeit. Aus Bits kann man Codes für alle Zeichen und Befehle aufbauen. Der Morse-Code verwendet Punkte und Striche (und verschiedene Zwischenräume); der Computer-Code verwendet wie der Fernschreiber-Code eine feste Zahl von Bits.
Im Binär-Code wird 7 durch 0111 dargestellt; im Computer sind also zeitliche oder räumliche Stellen mit der Entscheidungsfolge Nein-Ja-Ja-Ja besetzt

Eine Auswahl aus 8 Möglichkeiten hat 3 Bit (Abb. 12) und eine aus 32 hat 5 Bit. Für die binäre Darstellung von 10 Ziffern kommt man mit drei Bit nicht aus (man muß vier nehmen und 6 der 16 Möglichkeiten bleiben unausgenützt). Ein Alphabet mit 32 Zeichen braucht in der binären Darstellung mindestens 5 Bit. Heute sind die meisten Computerhersteller auf die Verwendung von 8 Bit für die Darstellung eines Zeichens übergegangen, allerdings noch unter Verwendung verschiedener Codes. Dem Zeichen *M* entspricht im EBCDIC Code, einem der heute gebräuchlichen 8-Bit-Codes, die Bitkette 11010100 (Abb. 13).

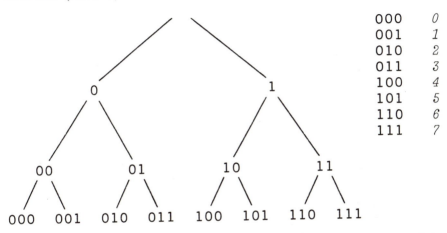

Abb. 12 Das erste Bit unterscheidet linke und rechte Hälften, das zweite links und rechts in den beiden Hälften. Mit drei Bits kann man 8 Fälle unterscheiden: 8 Ziffern, 8 Zeichen, 8 Spielkarten, 8 Geldsorten — was immer man will

Kinder und Computer rechnen mit den Fingern

Die Art und Weise, wie eine bestimmte Zahl oder eine bestimmte Information technisch im Computer codiert wird, tritt nach außen für den Interessenten oder den Benutzer überhaupt nicht in Erscheinung. So wurde auch das Binärsystem lediglich aus technischen Gründen, die allerdings wesentlich mit der Zerlegung aller einlaufenden Informationen in Bits zu tun haben, eingeführt. Es wird im folgenden erklärt, denn es gibt einen guten Einblick, wie technische Probleme durch die Einführung geeigneter gedanklicher Vereinfachungen gelöst werden können. Gehen wir von der Darstellung einer Zahl in dem uns vertrauten Dezimalsystem aus. Sie besteht aus einer Folge von Ziffern, jeder

ZEICHEN	8-BIT-CODE
A	1100 0001
B	1100 0010
C	1100 0011
D	1100 0100
E	1100 0101
F	1100 0110
G	1100 0111
H	1100 1000
I	1100 1001
J	1101 0001
K	1101 0010
L	1101 0011
M	1101 0100
N	1101 0101
O	1101 0110
P	1101 0111
Q	1101 1000
R	1101 1001
S	1110 0010
T	1110 0011
U	1110 0100
V	1110 0101
W	1110 0110
X	1110 0111
Y	1110 1000
Z	1110 1001
0	1111 0000
1	1111 0001
2	1111 0010
3	1111 0011
4	1111 0100
5	1111 0101
6	1111 0110
7	1111 0111
8	1111 1000
9	1111 1001

Abb. 13 Ausschnitt aus einem 8-Bit-Code, der 256 Zeichen umfassen könnte. Hier sind nur Großbuchstaben und Ziffern dargestellt

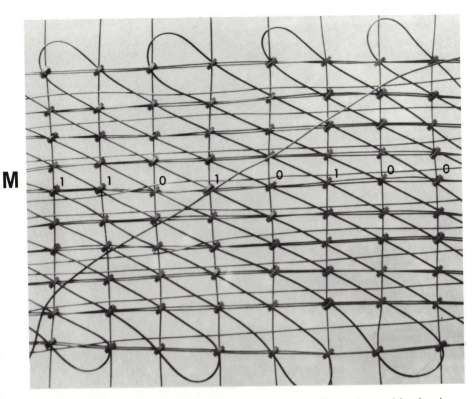

Abb. 14 Die Verteilung eines 8-Bit-Zeichens in einer Schaltung: hier in einem Teil eines Kernspeichers. Jeder kleine ferromagnetische Ring (siehe auch Abb. 15) speichert durch seine Magnetisierungsrichtung die 0-1-Entscheidung. Die horizontalen Drähte dienen zur Kernauswahl beim Einschreiben und Lesen. Ein weiterer Draht, die schräg gefädelte Leseleitung, gestattet das Herausholen der Information

von ihnen ist ein ihrer Position entsprechender Stellenwert zugeordnet. Von rechts beginnend finden wir die Stellenwerte 1, 10, 100, 1000 oder auch 10^0, 10^1, 10^2, 10^3 usw. Die Zahl 253 bedeutet zum Beispiel $2 \times 100 + 5 \times 10 + 3 \times 1$, oder auch $2 \times 10^2 + 5 \times 10^1 + 3 \times 10^0$. Die Zahl 10 wird als Basis des Dezimalsystems bezeichnet, wir finden sie in der Anzahl der benötigten Ziffernsymbole wieder. Beim Binärsystem ist die Basis 2. Der Vorteil besteht darin, daß jede beliebige Zahl als Kombination von bloß 2 Zeichen dargestellt werden kann: Null und Eins. Diese zwei Zeichen lassen sich aber genau in einem Bit unterbringen. Betrachten wir wieder ein Beispiel. Die Binärziffernfolge 111 hat den Zahlenwert $1 \times 2^2 + 1 \times 2^1 + 1 \times 2^0 = 1 \times 4 + 1 \times 2 + 1 \times 1$ und das entspricht der 7 im Dezimalsystem.

Abb. 15 Die Speicherringe sind klein gegen die Ameise. Die Bauelemente des Ameisengehirns sind noch kleinere Bauteile. Vielleicht werden wir ihnen technisch nahekommen, aber Präzision der Technik und Universalität der Natur sind wesensverschiedene Kategorien

Diese Zählweise ist, obwohl sie zu sehr langen Ziffernketten führt, gar nicht so unpraktisch, wie sie beim ersten Gebrauch anmutet. Sie kann auch zum Zählen mit den Fingern verwendet werden, sie ist dafür sogar besonders geeignet. Denn die Ausnützung der zehn Finger ist bei der normalen Zählung 1, 2, 3, 4, 5 usw. ausgesprochen schlecht, weil immer nur ein Finger arbeitet. Zählt man hingegen *binär*, dann müssen häufig mehrere Finger gleichzeitig arbeiten und man kommt bis 1023, und das geht so: man beginnt mit dem Daumen wie immer und setzt auch mit dem Zeigefinger fort, nur zieht man den Daumen zugleich wieder ein. 3 ist dann Daumen und Zeigefinger zusammen. Der Algorithmus* ist einfach, man nimmt nur dann den nächsten Finger dazu, wenn alle anderen Kombinationen durchlaufen sind, zugleich aber zieht man alle bisher benützten Finger (die in diesem Augenblick alle ausgestreckt

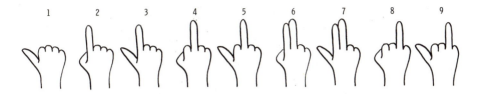

Abb. 16 So zählt man mit den Fingern binär bis 1023! Den Algorithmus bitte im Text nachlesen. Wenn man die Finger gegen eine Fläche abstützt, geht es leichter. (Ein Pfadfinder-Patent für das Schrittzählen auf Wanderungen)

sind) wieder zurück und beginnt mit dem Daumen von vorne. 4 ist also der Mittelfinger allein, 5 Mittelfinger und Daumen, 6 Mittelfinger und Zeigefinger. Nach 7 — alle drei bisher benutzten Finger — kommt ein neuer Finger dazu. 8 ist der Ringfinger. Für 9 kommt wieder der Daumen dazu und so fort bis 31, dann ist eine Hand verbraucht. 32 ist der Daumen der anderen Hand, die genauso zählt, nur 32mal so langsam. Wenn alle Finger beider Hände verbraucht sind, ist man bei 1023 angelangt. Jeder Finger hat den Stellenwert, der bei der ersten Verwendung auftritt und jede Zahl kann nur auf eine einzige Weise als Summe der Stellenwerte dargestellt werden. Alle Stellenwerte sind Potenzen von 2 (statt von 10). Im Computer, der nur zählt, wenn ein Programm das braucht, werden die Zahlen so dargestellt wie mit den Fingern, nur daß statt der Finger Stromstöße, Magnetfelder und andere physikalische Phänomene mit millionstel Sekunden Reaktionszeit verwendet werden.

Da das Binärsystem ein Stellenwertsystem ist, gibt es beim Addieren auch hier die Einrichtung eines Übertrags. Folgende (für uns ungewohnte) Additionsregeln gelten:

$$0 + 0 = 0$$
$$0 + 1 = 1$$
$$1 + 0 = 1$$
$$1 + 1 = 0 \text{ und 1 als Übertrag weiter.}$$

---

* Siehe Verzeichnis der Begriffe auf S. 197.

Beispiel: binär   dezimal
              101   =   5
            + 111   =   7
            ─────────────────────
              1100   =   12

Addiere: 1 und 1 ist 0, *0 angeschrieben,* 1 weiter,
    1 und 0 ist 1 und 1 ist 0, *0 angeschrieben,* 1 weiter,
    1 und 1 ist 0 und 1 ist 1, *1 angeschrieben,* 1 weiter,
    1 angeschrieben.

Als Ergebnis erhalten wir: $1 \times 2^3 + 1 \times 2^2 + 0 \times 2^1 + 0 \times 2^0 = 12$.

Wir haben mit Absicht diese einfache Grundstruktur der Datenverarbeitung hier betont, denn wir müssen gerade wegen der ungeordneten Datenfülle, die täglich über uns hinwegrauscht, elementare Strukturen zur Beschreibung der Umwelt verwenden.

BINÄR   *DEZIMAL*

1100111   103

0101010   42
─────────   ───
10010001 *SUMME*   145

1101110 *ÜBERTRAG*

Abb. 17 Zahlenaddition. Es ist leicht, auch die binäre Seite nachzurechnen. Zur Kontrolle ist auch der Übertrag vermerkt

Der Computer als Zeichenersetzungsautomat

Doch kehren wir zum Menschen zurück. Wie lernt ein Kind eigentlich das kleine Einmaleins? Nun, das Ziffernrechnen ist, wie die meisten Informationsprozesse, ein Zeichenersetzungsvorgang reinster Art, der daher — wie wir schon gesagt haben — auch im Menschen automatisch abläuft, ja ablaufen muß. Wer während des Rechnens zu denken beginnt, macht meist sofort einen Fehler. Man muß einen Mechanismus erlernen und sich diesem Mechanismus störungsfrei hingeben. (Abb. 18)

 Diese Ersetzungsvorgänge sind jedoch keineswegs auf die Mathematik beschränkt. Denken wir nur daran, daß wir die Zahl 56 auch durch deren römische Schreibweise LVI ersetzen können. Beide Schreibweisen sind für uns in gleicher Weise austauschbar, wie beim kleinen Einmaleins 8 × 7 und 56. Wenn die Rechenoperation 8 × 7 in einer komplizierteren Rechnung vorkommt, z. B. einer Multiplikation zweier mehrstelliger Zahlen, gilt eine noch einfachere Regel: Wenn wir von der vorangegangenen Stelle keinen Übertrag haben, schreiben wir 6 an und zählen 5 auf die nächste Stelle als Übertrag weiter. Regeln dieser Art haben wir in großer Menge in unserem Kopf, und das geht weit über das reine Rechnen hinaus. Die Popularität der Chemie hat es mit sich gebracht, daß wir H_2O als durchaus gängige Umschreibung für Wasser gebrauchen. Die Abkürzung *BB* kann die deutsche Stadt Böblingen

$$7 \times 8 = 56$$

$$\underline{} 7 \underline{} \times \underline{} 8 \underline{}$$

$$56 = LVI$$

$$6 \quad FRA \quad NCE$$

$$H_2O$$

$$BB \quad ÖBB \quad SBB$$

Abb. 18 Ersetzungsregeln aus dem täglichen Leben (aus der 2. Fernsehfolge)

genauso bedeuten, wie Brigitte Bardot, ja wenn man ein S, bzw. Ö davorsetzt, dann meinen wir die schweizerischen bzw. österreichischen Bundesbahnen. Schließlich kann die Zahl *6* für Frankfurt (FRA) bzw. Nizza (NCE) die Postleitzahl, das Autokennzeichen und die telefonische Vorwahlnummer bedeuten. Leider haben es die Behörden noch nicht so eingerichtet, daß wir mit einer Ersetzungsregel auskommen. So bedeutet z. B. 6 für Frankfurt die telefonische Vorwahlnummer und die Postleitzahl, jedoch nicht das Autokennzeichen, während bei Nizza Autokennzeichen und Postleitzahl gemeint sein können, jedoch nicht die telefonische Vorwahlnummer. Die Abkürzungen FRA bzw. NCE werden im Luftverkehr von jedem richtig verstanden (ersetzt). Wir können also festhalten: Ersetzungsvorgänge finden sich überall, und weil sie das Grundprinzip der Datenverarbeitung darstellen, ergeben sich konsequenterweise Anwendungen für den Computer.

Der Algorithmus

Für die Rechenverfahren gibt es einen merkwürdigen Namen, der in der Computerliteratur häufig verwendet wird und auch hier mehrfach vorkommt: den Namen *Algorithmus*. Auch die Maus im Labyrinth löst die automatische Orientierung mit Hilfe eines Algorithmus. Was versteht man darunter?

Ein Algorithmus ist ein Satz von Vorschriften oder Regeln, der mit Sicherheit zur Lösung führt; im allgemeinen ist das für eine ganze Klasse von Aufgaben mit beliebigen Eingangswerten richtig. Beispiele für Algorithmen sind das Addieren, das Multiplizieren und Dividieren, aber auch komplizierte Verfahren wie der euklidische Algorithmus zur Bestimmung des größten gemeinsamen Teilers. Für die Multiplikation haben wir in der Grundschule einen Satz von Regeln eingetrichtert bekommen, der sich an Zahlen beliebiger Länge stets bewährt. Wir folgen gewissen Anschreibregeln, benutzen das kleine Einmaleins und die Addition mit Übertrag, und wissen manche Vorteile zu gewinnen — aber kaum jemand ist imstande, das Verfahren genau zu beschreiben. Man lernt es ja auch nur teilweise mittels der Regeln, viel wichtiger sind die Beispiele.

Das Wort *Algorithmus* kommt von dem arabischen Mathematiker *Abu Dscha'far Muhammed ibn Musa Al-Chwarazmi* (Mohammed, der Vater des Dschafar und der Sohn des Musa, der Chorasmier). Die persische Provinz Chwarazm, die auf Griechisch Chorasmie heißt, lag südlich des Aralsee, und heute noch gibt es — nunmehr in der Sowjet-Union — eine Ortschaft *Choresm*. Und von diesem Ortsnamen leitet sich, leicht verballhornt, Algorithmus oder Algorismus ab. Muhammed war einer der besten Mathematiker seiner Zeit, und aus dem Titel seiner Bücher, *Kitāb al-jabr w'almuqābalah,* entstand das Wort *Algebra*. Das Wort *Muqābalah* hat aber keinen Zusammenhang mit dem hebräischen Wort *Kabbala* (Geheimlehre), obwohl diese mathematischen Bücher vielen Lesern wie eine Geheimlehre vorkommen mußten, weil Muhammed zwar die indischen Ziffern benützte, aber noch keine algebraische Notation. Er erklärte die komplett zitierten Aufgaben nur mit Ziffern und natürlicher Sprache. Ebenso wichtig wie für das Kopfrechnen ist der Algorithmus für die Rechenmechanismen. Rechenbrett und Algorithmus ergänzen einander, denn ein Rechenbrett ist nichts ohne die Vorschriften, nach denen es bedient wird.

Die Theorie der Algorithmen aber hat einen ungeheuren Aufschwung erfahren, nicht erst, seit man sie im Computer so dringend benötigt, sondern schon vorher für die allgemeine Theorie der Berechenbarkeit. Der russische Mathematiker Andrei Markow schrieb eine allgemeine Theorie der Algorithmen, deren Ersetzungsregeln alle Arten von Prozessen in Zeichenketten beherrschen und begründen. Ein Markowscher Algorithmus entspricht genau der oben gegebenen Definition. Er ist ein Satz von Zeichenersetzungsregeln, der auf einen vorgelegten Text systematisch angewendet wird, und zwar jede Regel, sooft sie sich anwenden läßt, und dann erst die nächste.

In dieser Allgemeinheit gilt sie aber folglich nicht nur für die Fragen der Berechenbarkeit, sondern für die Algorithmen aller Gebiete, z. B. kann man auch Spiele mit Hilfe von Algorithmen kontrollieren, manchmal sogar perfekt. Ein Beispiel dafür ist das Zündhölzchenspiel.

Das Spiel beginnt damit, daß drei Reihen von Zündhölzchen in der in Abb. 19 gezeigten Anordnung aufgelegt werden. Die Spieler entfernen darauf-

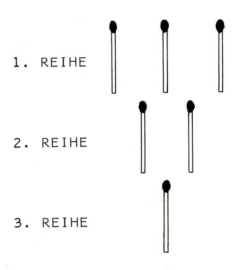

1. REIHE

2. REIHE

3. REIHE

1. ES DÜRFEN IN EINER REIHE EIN BIS ALLE HÖLZCHEN WEGGENOMMEN WERDEN
2. WER DAS LETZTE HÖLZCHEN WEGNEHMEN MUSS, HAT VERLOREN

Abb. 19 Bei einem so einfachen Stand des Zündhölzchenspiels fällt es leicht, die richtige Spielweise intuitiv zu finden. Der Algorithmus gewinnt mit Sicherheit. Komplizierte Algorithmen enthalten so viele Regeln und so zahlreiche Anwendungen dieser Regeln, daß das menschliche Gedächtnis dem Computer unterlegen ist. Wo es hingegen keinen Algorithmus gibt, kann der Mensch durch den Computer nicht ersetzt werden

hin abwechselnd eine beliebige Anzahl von Hölzchen aus irgendeiner Reihe — aber sie müssen mindestens ein Hölzchen nehmen. Der Spieler, der gezwungen ist, das letzte Zündholz zu nehmen, hat verloren. Ein Spieler muß nur eine Regel beachten, um das Spiel zu gewinnen: *Konfrontiere deinen Gegner stets mit einer Verlustposition.* Da beide Spielpartner von dieser Regel wissen können, aber nur einer zu gewinnen vermag, muß einer der beiden von vornherein einen Spielvorteil haben. Das Spiel hat die Eigenschaft, daß der beginnende Spieler dem Gegner nach jedem Zug eine Verlustposition hinterlassen kann und daher gewinnen muß, wenn er keine Fehler macht.

Nachdem das Spielverhalten bis in alle Einzelheiten bestimmbar ist, ist es leicht, die zu verfolgende Strategie einem Computer einzugeben und ihn so zu einem mechanischen Spielpartner zu machen. Hat der Computer den ersten Zug, so gewinnt er mit Sicherheit. Daran ist nichts Erschreckendes. Es bedeutet nichts anderes, als daß eben jeder, der beginnt und sich dem Algorithmus entsprechend verhält, gewinnen muß, unabhängig davon, ob es sich um eine Datenverarbeitungsanlage oder um einen Menschen handelt. Der Unterschied besteht allerdings darin, daß komplizierte Algorithmen so viele Ersetzungsregeln enthalten, daß das menschliche Gedächtnis sie unmöglich speichern und mit der Geschwindigkeit eines Computers wiederfinden kann. Doch lassen wir uns von der Präzision und der Geschwindigkeit, mit der diese Ersetzungen durchgeführt werden, nicht über die Eigenschaften einer Datenverarbeitungsanlage täuschen. Die elektronischen Eigenschaften der Schaltkreistechnik sind für das Verständnis des Computers ebenso nebensächlich wie der binäre Charakter der internen Signale. Wesentlicher ist die Eigenschaft, Universalwerkzeug für die Zeichenverarbeitung zu sein. Erst vom Zeichenersetzungsprinzip her wird verständlich, wieso die sogenannte elektronische Rechenmaschine so viel mehr kann als rechnen, und wieso dieser Informationsverarbeitungsautomat ein geradezu unabsehbares Anwendungsfeld hat:

Ein Listenführer in einer Fabrik, ein Zugführer in Stadt- oder Eisenbahn, ein Büroangestellter, ein Lagerhalter, ein Beamter bei einer Behörde, ein Ingenieur, jeder ist potentieller Benutzer des Computers. Jedenfalls bei jenen Arbeiten, die tägliche Routine darstellen und schablonisiert sind. Und wer könnte sich heute noch rühmen, daß sein Leben nicht von solchen mechanischen Tätigkeiten überwuchert wird? Hier kann der Computer helfen. Allerdings nicht kostenlos und nicht ohne Bedingungen.

Diese Erfahrungen müssen auch die Wissenschaftler machen, für die der Computer ein unentbehrliches Arbeitsinstrument geworden ist. Die Fähigkeiten des Computers als dynamisches Universalmodell gehen weit über die Abnahme von Routinearbeiten hinaus — er ist unersetzliches Hilfmittel der Forschung. Die ungeheuren Fortschritte moderner Wissenschaft wären ohne Hilfestellung der Datenverarbeitungsanlagen ausgeschlossen gewesen. Die modernen Ein- und Ausgabeeinheiten des Computers tragen sehr viel zur Verwendbarkeit des Geräts bei. In Abb. 20 wird gezeigt, wie ein Bildschirmgerät dem Ingenieur ein anschauliches Bild der gewünschten Brückenkonstruktion zur Verfügung zu stellen vermag. Mühsame Zeichnungen und Routineberechnungen entfallen — es wächst für den Benutzer die Möglichkeit, sich mit den grundlegenden Problemen wie Gestaltung und Konzeption zu befassen.

Abb. 20 Mit welchem andern Werkzeug als dem Computer könnte der Ingenieur seinen ersten Brückenentwurf von allen Seiten her betrachten?

Kapitel 3

Die Kunst, unfehlbare Rezepte zu schreiben (Das Programm)

Der Automat, der Sie programmiert, ihn zu programmieren
Überall Routinen
Einjährig-Freiwillige rechnen eine Optik
Babbage erfindet den Computer und scheitert
Flußdiagramme
Ein einfaches Beispiel

Der Automat, der Sie programmiert, ihn zu programmieren

Sind Sie schon einmal von einem Automaten für das Programmieren eines Automaten programmiert worden? Sie mögen es nicht glauben wollen, aber das ist Ihnen mit größter Wahrscheinlichkeit schon passiert: als Sie nämlich eine öffentliche Fernsprechzelle benützten. Dort erwartet Sie eine Benützungsvorschrift, die nichts anderes ist als ein echtes Automatenprogramm, mit festen Befehlen und sogar einem bedingten Befehl, zumindest in der österreichischen Spielart. Bei der deutschen Bundespost wird dem Benützer des Automaten die Ausführung des bedingten Befehls vom Automaten abgenommen. Vielleicht hält die österreichische Postverwaltung mehr von der Zusammenarbeit zwischen Mensch und Maschine: man muß einen Zahlknopf drücken. Wir werden uns an die österreichische Variante halten, weil sie für unseren Zweck besser geeignet ist.

Die Benützungsvorschrift lautet in Österreich wie folgt:

---

1. FERNHÖRER ABHEBEN
2. GELD EINWERFEN
3. WÄHLEN
4. NACH MELDEN des gewünschten Teilnehmers
   ZAHLKNOPF DRÜCKEN, sonst keine Sprechverständigung
5. WENN ERSTES GESPRÄCH NICHT ZUSTANDEKOMMT
      bei *BESETZT*
      bei *NICHTMELDEN*
      oder *MELDEN EINES FALSCHEN TEILNEHMERS*
   FERNHÖRER EINHÄNGEN
   GELD WIRD ZURÜCKGEGEBEN
   VORGANG ab Punkt 1. KANN WIEDERHOLT WERDEN

In dieser Vorschrift sind die Elemente des Computerprogramms enthalten, außer dem festen und dem bedingten Befehl eine Verzweigung und eine Schleife (Abb. 21). Ein bedingter Befehl hängt von der Erfüllung einer logischen Bedingung ab. Hier lautet sie: meldet sich der gewünschte Teilnehmer — ja oder nein? Wenn ja, dann drückt der Sprechzellenbenützer den Zahlknopf, und das Gespräch kann beginnen. Wenn nein, hängt der Benützer den Fernhörer ein, das Geld kommt zurück, und er kann im Programm zurückspringen zur Anweisung 1: Er kann diese Schleife sooft durchlaufen, wie er

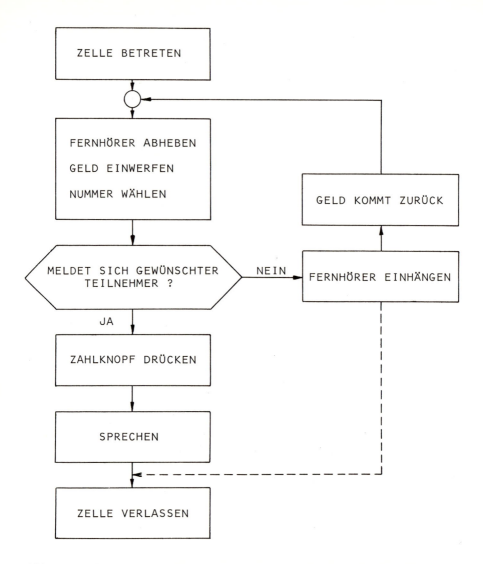

Abb. 21 Ein Automat programmiert Sie, ihn zu programmieren. Das Diagramm gibt wieder, was man in einer (österreichischen) Telefonzelle tun muß. Beim Lesen des Diagramms beginnt man oben und folgt den Pfeilen. In den rechteckigen Kästchen steht, was man zu tun hat; das sechseckige Kästchen drückt eine Entscheidung aus, und je nachdem folgt man dem rechten Pfeil *(nein)* oder dem unteren *(ja)*. Tatsächlich ist es nicht so einfach; als lernfähiges Wesen richtet sich der Mensch bald nach einem viel umfangreicheren Programm. Das Lehrgeld besteht aus nicht ausgenützten Münzen

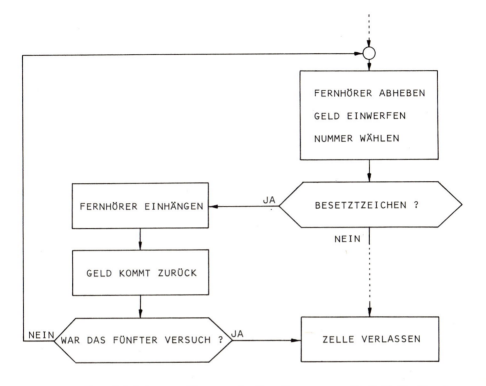

Abb. 22 Eine Feinheit zum Fernsprechzellen-Programm: die Schleife für den Teilnehmer, der nach fünf Versuchen die Geduld zu verlieren beabsichtigt

will — entweder bis sich der gewünschte Teilnehmer doch meldet oder bis dem programmierten Wähler die Geduld ausgeht und er die Zelle verläßt, ohne das Gespräch geführt zu haben.

Das könnte auch wieder als bedingter Befehl angesehen werden, zum Beispiel mit fünf Versuchen begrenzt. Man erhält eine etwas andere Schleife im Programm (Abb. 22), die den Weg aus der Zelle logisch besser spezifiziert. Die Frage nach dem fünften Versuch ist nur durch einen Zählvorgang zu beantworten, für den auch wieder ein Programm entworfen werden könnte. Es wird eine Hilfsgröße eingeführt, die am Beginn den Wert 0 hat und die bei jedem Einhängen des Fernhörers um 1 erhöht wird. Die logische Entscheidungsfrage lautet dann genauer: hat die Hilfsgröße den Wert 5 erreicht — ja oder nein?

Auf diese Weise kann man die Analyse weiterführen — es sind ja noch lange nicht alle Fälle und alle Möglichkeiten erfaßt. Für das Wählen muß man zum Beispiel die Nummer wissen — also eine Entscheidungsfrage. Weiß man sie, ist es gut, weiß man sie nicht, gibt es wieder zwei Möglichkeiten: man findet sie im Telephonbuch oder nicht. Findet man sie, ist es gut, findet man sie aber nicht, dann gibt es wieder zwei Möglichkeiten: man weiß die Nummer der Auskunft oder nicht. In beiden Fällen gibt es dann zwei Möglichkeiten — deren Auffindung wollen wir aber der weiteren Analyse des Lesers überlassen.

Überall Routinen

Die Welt ist voller Programme und Routinen. Ein besonders hübsches Beispiel ist das Kochrezept. Es beginnt ja schon mit dem Befehl *man nehme* und macht gleich auch noch den Begriff des Unterprogrammes oder der Subroutine begreiflich. Gewisse Kochvorgänge wie z. B. Panieren oder Gratinieren gehören zu den Grundkenntnissen des Koches und werden im Rezept bloß durch den Namen der Subroutine angeführt. Der Anfänger muß zu den entsprechenden Stellen des Kochbuches zurückblättern, der Computer springt von dem Hauptprogramm in das Unterprogramm und kehrt nach Ausführung wieder in das Hauptprogramm zurück.

Einjährig-Freiwillige rechnen eine Optik

Die Programmsteuerung, das zeigt sich an vielen Beispielen, ist ein uraltes Konzept, wird aber auch immer wieder neu erfunden. Der österreichische Optiker Professor Petzval hatte Kummer mit der Herstellung einer verbesserten Linse. Er wußte den mathematischen Weg, die Linsenoberfläche so zu gestalten, daß ihre optischen Eigenschaften weit günstiger würden, hatte aber keine Vorstellung, wie er den erforderlichen Rechenaufwand bestreiten könnte. Bei einem Abendessen kam er mit einem österreichischen Erzherzog auf dieses Thema zu sprechen und klagte dem alten Soldaten sein Leid. Der Erzherzog hörte sich die Schilderung an — und hatte eine tolle Idee. Er bot dem Professor seine Einjährig-Freiwilligen an; das waren alles Leute mit höherer Schulbildung, die Grundrechnungsarten fehlerfrei ausführen konnten. Petzval entwarf ein Programm für die Ausführung der Rechnung. Der einzelne Soldat bekam einfache Aufgaben, Angaben und Rechnungsart und führte sie genau aus, ohne den Gesamtzusammenhang zu kennen. Der Plan des Professors aber faßte den Strom der Rechnungen zu dem gewünschten Ergebnis zusammen, und die Herstellung der ersten Optik auf numerischer Grundlage konnte beginnen. Ähnliche Methoden waren in Frankreich schon während der französischen Revolution benützt worden, die ja auch in wissenschaftlicher Hinsicht vielen Entwicklungen Anstoß und Durchführungsmöglichkeit gab.

Babbage erfindet den Computer — und scheitert

Die Idee, die programmgesteuerte Berechnung der Maschine zu überantworten, kam dem englischen Mathematikprofessor Charles Babbage im Jahre 1833. Er kannte die in Frankreich angewendeten Methoden der Programmierung menschlicher Rechner und versuchte, sie mit mechanischen Mitteln zu realisieren, mit den Zahnrädern, Übersetzungen und Speicherelementen der Tisch- und Rechenmaschinen. Es war ihm klar, daß für den Betrieb solcher Geräte große Kräfte erforderlich sein würden, und er dachte daran, seinen programmgesteuerten Computer von einer Dampfmaschine aus zu betreiben. Der Hindernisse waren zu viele; die mechanischen Lösungen blieben weit hinter dem Gedankenflug von Babbage zurück. Er starb verbittert und vergessen, und erst im Zeitalter der Elektronik konnten seine Gedanken wieder aufgegriffen und zum Erfolg geführt werden.

Einem Programm folgt man auch bei vielen Spielen, und das königliche Spiel Schach wird, ohne den Namen zu verwenden, schon seit altersher gewissermaßen mit einer Programmiertechnologie betrieben.

Es gibt verschiedene Programme für die Eröffnung und für das Endspiel. Als Wolfgang von Kempelen im Jahr 1769 einen Schachautomaten konstruierte, wollte er nichts als eine vergnügliche Unterhaltung schaffen. Sein wissenschaftliches Werk galt der Sprache und der Sprechmaschine. Beim schachspielenden Türken nützte er aber die Faszination aus, die von Automaten und Programmen ausgeht. Vor Beginn des Spieles zeigte er den Trommelspeicher, auf dem der Zuschauer das Programm vermutete, während Kempelen in Wirklichkeit einen grandiosen psychologischen Trick angewendet hatte, um einen Menschen normaler Größe im Gerät zu verstecken und gleichzeitig einen scheinbaren Beweis dafür zu liefern, daß der Kasten leer war. Einzelheiten dazu kann man in dem Essay Edgar Allan Poes mit dem Titel *Mälzels Schachspieler* nachlesen. Die Zeitgenossen waren jedenfalls von der Idee der programmgesteuerten Schachspielmaschinen begeistert, und die Flut der Erklärungsversuche hörte nur langsam auf, nachdem Kempelens Scheinautomat in Philadelphia im Jahr 1854 verbrannt war. Den ersten wirklich arbeitenden Schachautomaten baute der spanische Erfinder Leonardo Torres y Quevedo kurz vor dem 1. Weltkrieg für das Endspiel zwischen Turm und König des Automaten und König des menschlichen Gegners. Der Algorithmus wurde in der Technik der damaligen Zeit realisiert, elektromechanisch also und magnetisch. Ein Phonograph sagte mit belegter Stimme *Schach* an.

Claude Shannon hat das Schachprogramm mathematisch analysiert und errechnet, daß auch ein sehr schneller Computer für die perfekte Behandlung des Schachspieles unvorstellbar lange Zeit brauchen würde, 10^{157} Jahrtausende. Man muß sich mit Näherungslösungen begnügen, und es gibt heute schon eine ganze Anzahl von Programmen, die ein leidliches Spiel zuwege bringen, manchmal auch ganz gute Partien, aber der Weg zum Meister ist lang. Das gilt sogar für das Dame-Spiel, wo einfachere Verhältnisse vorliegen und ein Programm auf der IBM 7090 dem Können des Meisters viel näher kommt als im Falle des Schachs.

Flußdiagramme

Programme kann man auf viele verschiedene Weisen darstellen, aber die verbreiteste Methode ist das *Flußdiagramm*. Es erlaubt einerseits große Freiheit in Benutzung und Beschreibung und gibt anderseits die Wesensmerkmale des Programmablaufes deutlicher wieder als alle anderen Methoden. Unser Telefonzellenbeispiel hat alle Grundelemente des Flußdiagrammes schon gezeigt. In den rechteckförmigen Kästen stehen die unbedingt auszuführenden Befehle meist übereinander in der Reihenfolge, in der sie auszuführen sind. Man kann dabei bis in die letzten Einzelheiten gehen oder nur grobe Eintragungen machen und der *Code*, die Notation oder die Sprache, der man sich bedienen will, steht völlig frei. Die Entscheidungsfragen zwischen 2 Möglichkeiten, die zu einer Programmverzweigung führen, deutet man durch Kästen mit seitlichen Spitzen an, die 2 Ausgänge haben, einen für Nein und einen für Ja auf die gestellte Entscheidungsfrage. Der Ausgang führt zur entsprechenden Fortsetzung des Programmablaufes. Von manchen Stellen führt der Weg wieder zurück an einen Punkt eines Programmes, der bereits durchlaufen wurde: es liegt eine Programmschleife vor.

Bedingte Befehle und Schleifen bestimmen Ökonomie und Flexibilität eines Programmes. Durch die Beantwortung der Entscheidungsfragen sucht sich der Informationsverarbeitungsablauf selbst seinen Weg. Die Bedingungen werden geprüft, Entscheidungen werden getroffen — der Programmierer hat freilich eine Aufgabe dabei, er muß an alles denken, jeder Fall, der überhaupt eintreten kann, muß überlegt und berücksichtigt werden. Die Schleife ist ein Grundhilfsmittel dafür, wenige Befehle schreiben zu müssen. Die Kunst der Automation besteht ja allgemein darin, einen Gesamtvorgang in so kleine Teile zu zerlegen, daß diese Teile einander ähnlich werden, Varianten eines Ablauftyps. Je häufiger man einen einmal hingeschriebenen Teil eines Programms durchlaufen kann, um so besser ist die Ausnützung. In dem folgenden Beispiel soll dieses Durchlaufen deutlich gemacht werden.

Ein einfaches Beispiel

Die Aufgabe besteht darin, die Quadratzahlen, also 1×1, 2×2, 3×3 usw., hinauf bis zu einer vorgegebenen größten Quadratzahl $N \times N$ zu berechnen. Als einschränkende Bedingung wird auferlegt, keine Multiplikationen zu verwenden, sondern nur Additionen und noch einfachere Operationen.

Wir zeigen nicht, wie man auf das Programm kommt. Mathematiker und Programmierer arbeiten sehr häufig — und gerade in den schöpferischen Phasen — mit einer unentwirrbaren Mischung von Wissen, Probieren und Gedankenblitzen. Da der Erfinder nicht beschreiben kann, wie er zu dem Ergebnis fand, verstärken seine Erklärungen den Eindruck der Selbstverständlichkeit. Und wenn der noch ungeübte Leser, bestrickt von diesem falschen Eindruck der Sicherheit, dann versucht, ein ähnliches Problem zu lösen, merkt er, daß das gar nicht so leicht ist. Er wird häufig vermuten, daß der Verfasser ein Verfahren verschweigt — wo der Verfasser gar keines hatte.

Hier also das fertige Programm (Abb. 23):

Die verwendeten Größen heißen N, Q, Z, D und sind ganze Zahlen. (Erläuterung: N setzt die letzte zu quadrierende Zahl fest, wir werden 10 dafür wählen; Q sind die Ergebniszahlen; Z und D sind Hilfsgrößen.)

Die Anfangswerte sind $Q = 0$, $Z = 0$ und $D = 1$. N wird zu $N = 10$ gewählt (eingegeben).

Das Programm lautet:

```
ANFANG:    Q : = Q + D
           Z : = Z + 1
           D : = D + 2
           DRUCKE Q
           Ist Z = N?
                      Wenn ja, dann ENDE
                      wenn nein, kehre zurück zu ANFANG
```

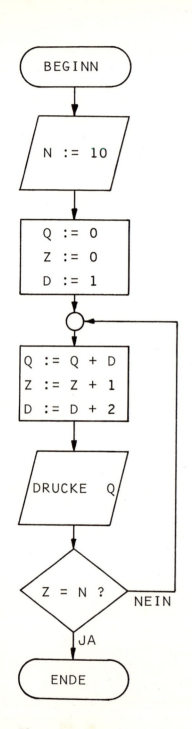

Abb. 23 Dieses Programm rechnet alle Quadratzahlen ohne Multiplikation. Die Schleife wird N-mal durchlaufen

Anhand von Programm und Flußdiagramm kann man leicht sehen, daß sich der folgende Werteverlauf ergibt:

```
Q   0   1   4   9   16   25   36   49   64   81   100
Z   0   1   2   3    4    5    6    7    8    9    10
D   1   3   5   7    9   11   13   15   17   19   21
```

Jetzt erst wollen wir einen zugrundeliegenden Gedanken preisgeben: die Überlegung ging von der Tatsache aus, daß der Unterschied von einer Quadratzahl zur nächsten durch die Reihe der ungeraden Zahlen ausgedrückt wird. Das kann man sich leicht erklären, wenn man zum Beispiel gleiche Würfel eines Baukastens in Form von Quadraten auflegt, mit einem Würfel beginnend und an die obere und rechte Kante anlegt; dann muß man nämlich zweimal einen und einen, zweimal zwei und einen, zweimal drei und einen und so fort anlegen, die Reihe der ungeraden Zahlen (Abb. 24).

Mathematiker und Programmierer haben riesige Vorräte von solchen Spielen im Kopf und kombinieren frei mit ihnen, wenn sie an der Lösung eines

Abb. 24 Die dem Programm der Abb. 23 zugrundeliegende Idee (siehe Text)

Problems arbeiten. Sie versuchen und verwerfen, sie sind Künstler — nur daß ihre Werkstoffe nicht Ölfarben, Instrumentenklänge oder Marmorblöcke sind, sondern logische und mathematische Strukturen, abstrakte Objekte.

Deswegen darf man sich den Programmierer auch nicht als abgeklärten Rationalisten vorstellen, dem Emotionen höchstens im Privatleben widerfahren. Ganz im Gegenteil. Der Generaldirektor eines Chemie-Konzerns erlitt eines Tages den obligaten Herzinfarkt. Als ihn die Ärzte einigermaßen wiederhergestellt hatten, ließen sie ihn nur unter der Bedingung zur Arbeit zurückkehren, daß er sich auf die Leitung eines kleinen Zweiges beschränke. Er wählte die Computer-Abteilung, weil er sich vom rationalen Klima der Programmierer ein leichtes Arbeiten versprach. Das war ein grundlegender — aber typischer — Irrtum. Nach kurzer Zeit war ihm klar, daß es keine emotionelleren Typen gibt als Programmierer, keine spannungsgeladenere Atmosphäre als die der Programmierungsabteilung. Man hat es mit Künstlern zu tun, denn höhere Programmierung ist Kunst und nicht Handwerk. Es wäre aber falsch, daraus zu schließen, daß sich die Programmierung erst noch zur Wissenschaft entwickeln müßte. Die edlen Teile jeder Wissenschaft — das sind jene, die sich eben entfalten — sind *Kunst mit anderem Material;* die logische Strenge ist in den theoretischen Teilen gewiß enthalten, weil sie ja auch ein Prüfkriterium ist. Man darf sich aber nicht vorstellen, daß die Entwicklungsgeschichte der Logik unterworfen ist.

Kapitel 4

Die Welt in der Nußschale (Speicher)

Sammeln und Aufbewahren, eine Grundfunktion des Lebens
Der Speicher, eine lange Reihe von Behältern mit Adressen
Der Wald explodiert nicht, er wächst
Wie weit das Gehirn ein Computer ist und wie weit nicht
Der Weg zur aktenlosen Geschäftsführung

Sammeln und Aufbewahren, eine Grundfunktion des Lebens

Speichern, also Sammeln und Aufbewahren, ist eine der Grundfunktionen des Lebens. Die Möglichkeit des Speicherns war Voraussetzung für die Seßhaftigkeit (und damit für die Entwicklung der Zivilisation). Solange der Mensch „von der Hand in den Mund" lebte, hatte er keine Aussicht, seine Arbeitstechnik zu verbessern. Speichern ist aber auch eine Grundvoraussetzung für das Überleben, für das Überdauern von Krisen.

Warum speichert man überhaupt? Man verspricht sich von dem angesammelten Gut zukünftigen Nutzen. Der Weizen im Silo gewährleistet eine kontinuierliche Nahrungsmittelversorgung sowohl im Winter, beim Versiegen natürlicher Nahrungsquellen, als auch im Katastrophenfall, beim Ausfall einer Ernte. Das angesammelte Eisen ermöglicht die Herstellung von Pflügen oder von Kanonen, je nach der politischen Situation des Landes. Gespeicherte Information hilft mit, sinnvolle Entscheidungen zu treffen und Neugier zu befriedigen.

Die Gestalt eines Speichers richtet sich nach dem darin aufzubewahrenden Gut. Zunächst sollte ein Speicher vor allem das Verderben des Gutes und seine Entwendung verhindern. Information liegt in Form von Daten in Hülle und Fülle vor. Diese Daten werden jedoch erst dann wertvoll — ihre Speicherung also sinnvoll — wenn ein Benützer die Möglichkeit hat, sie für die Lösung seines Problems heranzuziehen. Dazu ist es einerseits nötig, anwendbare Daten im Gesamtmaterial aufzufinden, um sie miteinander kombinieren zu können. Andererseits muß dieses Auffinden in entsprechend kurzer Zeit möglich sein.

Die beiden für einen Informationsspeicher charakteristischen Größen sind die Speicherkapazität — die Menge von Information, die in ihm untergebracht werden kann — und die Zugriffszeit — die Zeit, die für das Auffinden einer bestimmten Information im Speicher benötigt wird. Da diese beiden Größen nicht voneinander unabhängig optimiert werden können, unterscheidet man beim Computer zwischen externen oder Massenspeichern, deren Speicherkapazität auf Kosten der Zugriffszeit möglichst groß ist, und dem Hauptspeicher oder Kernspeicher, in dem einer beschränkten Kapazität eine möglichst kleine Zugriffszeit gegenübersteht.

Die weitere Entwicklung der elektronischen Datenverarbeitung wird sich darauf konzentrieren, immer schnellere und größere Speicher zu bauen. Ganz neue technische Möglichkeiten werden hierzu beitragen müssen, es wird aber auch nötig sein, bestehende Möglichkeiten optimal auszunützen.

Der Speicher, eine lange Reihe von Behältern mit Adressen

Da das Bit als Atom der Information angesehen werden kann, ist die Urzelle eines Informationsspeichers ein Element, das die Speicherung von einem Bit ermöglicht. Aus praktischen Erwägungen wird eine bestimmte Anzahl solcher Elemente zu einer Einheit zusammengefaßt, die man als Speicherzelle bezeichnen kann. Ein Speicher, insbesondere der Hauptspeicher eines Computers, besteht nun aus einer sehr großen Anzahl solcher Speicherzellen, die man sich in einer langen Reihe angeordnet denken kann. Um Information in einem ganz bestimmten Behälter — in einer bestimmten Speicherzelle — speichern und dort auch wieder auffinden zu können, werden diese, von Null beginnend, fortlaufend numeriert. Die einem Behälter zugeordnete Nummer bezeichnet man als Adresse der Speicherzelle. (Abb. 25 zeigt einige als Kästchen dargestellte Speicherzellen; die über einem Kästchen stehende Zahl ist seine Adresse.) Die Verwendung mehrerer Reihen dient bloß der Übersichtlichkeit, ändert jedoch nichts am Charakter des Speichers als Kette von Behältern.

Die Information, die man in einer Speicherzelle unterbringen kann, wird als Wort bezeichnet. Dieser Ausdruck weist darauf hin, daß man es mit einer Anzahl von Zeichen zu tun hat und daß das Wort selbst wieder Bestandteil eines größeren Ganzen sein kann. Fortlaufender Text wird beispielsweise in solche Stücke zerteilt, daß jeweils eines von ihnen in einer Zelle Platz findet und somit ein Wort darstellt. Die Speicherung des deutschen Wortes *ZEICHEN* etwa erfordert zwei Speicherzellen (1000 und 1001 in Abb. 25), wenn dem Wort im Sinne der Speicherung vier Zeichen entsprechen. Die Größe eines Wortes kann entweder durch die Zahl der Zeichen angegeben werden, aus denen es besteht, oder durch die Zahl seiner Bitpositionen. Entsprechend der heute üblichen Verschlüsselung eines Zeichens in 8 Bit hat sich für die erstere Art der Angabe die Einheit *Byte* eingebürgert, die der Zusammenfassung von acht Bit entspricht. Die im Bild dargestellten Speicherzellen haben also jede eine Größe von vier Byte.

Ein Wort kann aber auch noch ganz andere Bedeutungen haben. Es kann sich um eine Zahl handeln, wie in Zelle 0000, um die codierte Form eines Befehles (0002) oder aber auch um eine Adresse (1002). Diese Adresse ist dann ein Hinweis auf eine andere Zelle im gleichen Speicher, und so kann man mit Hilfe des Inhalts einer Zelle eine andere Zelle beziehungsweise deren Inhalt finden. Das gleiche Prinzip liegt vor, wenn jemand aus einer Wohnung auszieht und eine Tafel mit der Mitteilung hinterläßt, unter welcher Adresse (hier natürlich Straße und Hausnummer) er nun gefunden werden kann. Wir können auch an jenes Spiel denken, bei dem auf einem Zettel geschrieben steht, wo der jeweils nächste Zettel gefunden werden kann. In der Datenverarbeitung ist diese Technik jedoch mehr als eine Spielerei. Sie ist besonders wichtig, um in der Programmierung flexibel zu sein. Wir haben doch gesehen, daß eine

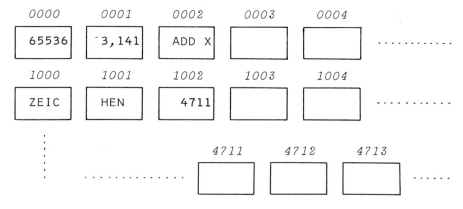

Abb. 25 Den Speicher stellt man sich am besten als Folge von Behältern vor. Jeder Behälter hat eine fortlaufende Nummer, genannt Adresse, z. B. von 0000 bis 9999. 4711 ist eine beliebte Adresse. In den Behältern befindet sich die Information in Form von binär codierten Zeichenfolgen: Zahlen, Befehle, gewöhnlicher Text, aber auch Adressen. Indem man mit Adressen rechnet, kann man Wege durch den Speicher bestimmen und benützen

Adresse nichts anderes als eine Nummer, eine Zahl ist. Addieren wir nun zu dieser Zahl zwei, so bedeutet dies, daß durch das Ergebnis auf eine Speicherzelle verwiesen wird, die um zwei Schritte weiter rechts liegt als die ursprüngliche. Mit Hilfe der Adreßrechnung können also innerhalb des Speichers auf einfache Weise Wege festgelegt werden, und das Beschreiten eines solchen Weges entspricht der Durchführung eines Programms.

Der Wald explodiert nicht, er wächst

Alles redet von Explosionen, wir nicht. Zeitungsberichten nach explodieren nicht nur Atombomben, sondern auch die Weltbevölkerung und unser Wissen. Der Ausdruck Explosion ist jedoch bei diesen Beispielen nur im Fall der Bombe richtig. Bei dieser wird innerhalb kürzester Zeit eine große Energiemenge frei, die sich dann nach allen Richtungen in den Raum ausbreitet. Die beiden anderen genannten Entwicklungen entsprechen in ihrer Struktur dem Wachstum eines Waldes; es handelt sich um Verzinsungsentwicklungen. So wächst der Wald mit einem Zinsfuß von knapp über 4%, das heißt, daß sich sein Holzvolumen bei ungehindertem Wachstum etwa alle 16 Jahre verdoppelt. Den gleichen Zinsfuß findet man auch bei der Betrachtung des Wachstums von Bibliotheken. Eine durchschnittliche amerikanische Großbibliothek hatte im Jahr 1950 einen Bestand von ungefähr 1 Million Büchern, was einem Vorrat von etwa 1 Billion Zeichen entspricht. In Abb. 26 ist das Wachstum einer solchen Bibliothek bis zum Jahre 2050 dargestellt. Der exponentielle Anstieg der Anzahl von gespeicherten Zeichen, der aus dem geschilderten Wachstums-

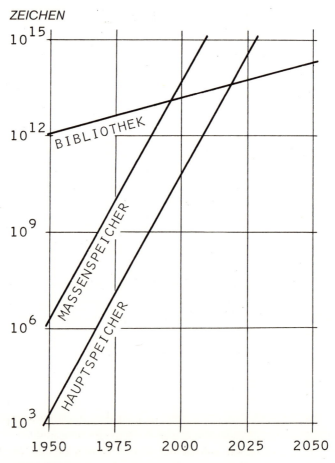

Abb. 26 Das Anwachsen der Kapazität von Hauptspeichern und Massenspeichern großer Computer im Vergleich zum Anwachsen amerikanischer Großbibliotheken. Die Zeichenmenge wird, wie bei allen Trendkurven dieses Buches, in logarithmischem Maßstab angegeben

gesetz resultiert, wird in der gewählten logarithmischen Darstellung zu einer Geraden. Man erkennt, daß im Jahr 2000 über 8 Billionen Zeichen in dieser Bibliothek gespeichert sein werden.

Die Kapazität der Massenspeicher eines Computers hat eine im Vergleich dazu wesentlich höhere Steigerungsrate, nämlich über 40 %; eine Verdopp-

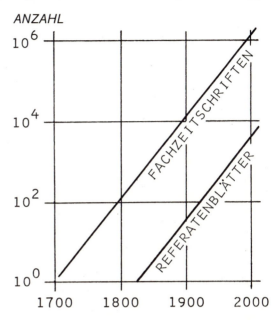

Abb. 27 Die Zahl der Zeitschriften wächst so rasch wie die Zahl der Bücher. Als 300 wissenschaftliche Zeitschriften erreicht waren, entstand das Bedürfnis nach rascherem Zugriff: Referatenblätter wurden gegründet, die kurz referieren, was in den Zeitschriften steht. Heute gibt es längst mehr als 300 Referatenblätter; nun wird der Computer für rascheren Zugriff sorgen müssen

lung tritt alle zwei Jahre ein. Konnte also ein externer Speicher im Jahre 1950 eine Million Zeichen aufnehmen, so werden es im Jahr 2000 über dreißig Billionen Zeichen sein. Es wird also noch vor diesem Zeitpunkt möglich sein, das in der betrachteten Bibliothek enthaltene und bis dahin beträchtlich vergrößerte Wissen im externen Speicher eines Computers unterzubringen. Die Hauptspeicherkapazität zeigt ebenfalls eine Steigerungsrate von über 40 %. Obwohl sie heute um einen Faktor 1000 kleiner ist als die Kapazität eines Massenspeichers, wird sie bereits im ersten Viertel des 21. Jahrhunderts den Zeichenvorrat der Bibliothek überschreiten. Zu diesem Zeitpunkt wird also ein großer Computer das Wissen der Menschheit in seinem Hauptspeicher enthalten können und in raschestem Zugriff haben. Und da erkennen wir nochmals die Bedeutung des Zugriffsproblems, von dem in der Einleitung gesprochen wurde. Es genügt ja nicht, alles gespeichert zu haben und raschestens irgend etwas zu lesen. Man muß die Auffindung der richtigen Information in sinnvoll kurzer Zeit ermöglichen.

Wie weit das Gehirn ein Computer ist und wie weit nicht

Manche Leute nennen die elektronische Datenverarbeitungsanlage *Elektronengehirn* oder *Denkmaschine*. Manchmal sprechen wir auch vom Computer im Kopf. Wie steht es nun wirklich um die Analogien zwischen Computer und Gehirn? Beginnen wir mit einer Betrachtung der Hardware, der Schalteinrichtungen. Das menschliche Gehirn hat etwa 10 Milliarden Zellen, eine ganz beachtliche Zahl, die der Computer heute noch kaum erreicht. Wie wir den Speicherentwicklungen entnehmen können, wird es aber nicht mehr allzu lange dauern, bis der Computer den Menschen in dieser Hinsicht überholt haben wird. Was die Verarbeitungsgeschwindigkeit betrifft, ist er uns jedoch heute schon bei weitem überlegen. Während der Computer Taktgeschwindigkeiten von Millionen Schritten pro Sekunde bewältigt, kommt das Gehirn nicht über 1000 Schritte pro Sekunde hinaus.

Daß wir ein verhältnismäßig langsames „Gerät" im Kopf haben, erkennen wir täglich im Straßenverkehr. Nicht wenige Unfälle werden dadurch verursacht, daß Autos heute schneller fahren, als das Gehirn die vom Auge kommenden Signale verarbeiten kann.

Wesentlich komplizierter als der Aufbau eines Computers ist der unseres Gehirns; über seinen Speicher, insbesondere die Frage der Lokalisierung bestimmter Funktionen, sind uns Teilergebnisse bekannt. Wie das Gehirn programmiert ist, wie seine Software aussieht, wissen wir so gut wie überhaupt nicht. Entscheidend ist aber eine bemerkenswerte Fähigkeit unseres Gehirns, mit Ungenauigkeiten fertigzuwerden, ja sie sogar günstig einzusetzen.

Wir alle wissen, wie schlecht der Mensch als Augenzeuge geeignet ist. Die schönste Erzählung von einem, der dabei war, kann an Genauigkeit durch eine Photographie bei weitem übertroffen werden. Die Kamera und der Computer können jedoch nicht das Wesentliche herausholen, was wieder einem guten Beobachter leicht fällt. Das ist der grundlegende Unterschied. Präzision und Lösung vorgegebener Aufgaben sind die Stärke des Computers, während das Erkennen des Sinns und das Hervorheben des Wesentlichen vom Menschen besser gelöst wird. Über *Computer und Gehirn* hat John von Neumann vor vielen Jahren ein Buch geschrieben, und es hat sich seither wenig Neues dazu ergeben. Trotzdem bleibt der Mensch in gewisser Weise das Vorbild für den Computer, das allerdings nicht zu direkt nachgeahmt werden darf: ein Informationsverarbeitungssystem mit Sinnesorganen als Ein- und Ausgabegeräten, dem Nervensystem zur Datenübertragung und dem Gehirn als zentralem Speicher und als Verarbeitungszentrale.

Abb. 28 Die Orgelspielerin, einer der drei Automaten der Familie Jaquet-Droz, wird bei der Vorführung zuerst eingeschaltet, sie atmet und blickt im Raum herum, spielt aber noch nicht. Wenn sie dann schließlich ihre Kunst präsentiert, konzentriert sich ihr Blick auf das Notenblatt und ihre künstlichen Finger spielen ein echtes Instrument

Nach diesen vielversprechenden Ausblicken in die Zukunft der Datenverarbeitung als Hilfsmittel der Wissenschaft erhebt sich die Frage, ob uns der Computer nicht auch im täglichen Leben von Nutzen sein kann. Betrachten wir doch einmal die Stadt, dieses Ballungszentrum einer großen und immer noch wachsenden Zahl von Menschen, Fahrzeugen und Gütern. Auch hier haben wir es mit einem System zu tun, das über Speicher, Übertragungs- und Transportkanäle und über Steuerungszentren verfügt. Mangel an Information hat dazu geführt, daß dieses System nicht immer optimal gesteuert wird, ja daß die Steuerung manchmal vollständig versagt, wenn wir etwa an die am späten Nachmittag regelmäßig verstopften Straßen denken. Kann uns der Computer helfen, dieses System besser zu beherrschen? Die Komplexität des Problems läßt eine sofortige Gesamtlösung nicht zu. Auf gewissen Teilgebieten hat aber die Datenverarbeitung schon eine sehr große Bedeutung. Ein typisches Beispiel hierfür bietet die Finanzverwaltung. Der Computer steht aber auch dem Stadtplaner zur Seite und kann von diesem in den schöpferischen Prozeß des Entwerfens einbezogen werden. In einem Dialogverkehr, der mit Hilfe eines Bildschirmgerätes abgewickelt wird, können Computerprogramme von sich aus Kritik üben und Änderungsvorschläge machen. Der Computer hat hier den großen Vorteil, daß ihm einmal bekanntgegebene Informationen stets gegenwärtig sind und er den Architekten auf Konsequenzen von Ideen aufmerksam machen kann, an die dieser nicht denkt. Bei der Verkehrssteuerung in der Großstadt, die uns alle noch unmittelbarer betrifft, begegnen wir einem neuen Problemkreis. Die Information, mit der hier gearbeitet wird, die also gespeichert sein muß, hat dynamischen Charakter. An Straßenkreuzungen unterhalb der Verkehrsfläche angebrachte Geräte messen die momentane Verkehrsdichte und übertragen sie in das Datenverarbeitungssystem. Dort wird die jeweilige Situation von einem Programm beurteilt und die Steuerung der Ampeln den sich ändernden Verkehrsverhältnissen angepaßt. Betrachtet man die ungeheure Datenmenge, die eine Datenverarbeitungsanlage zur Verkehrssteuerung benützt, dann wird einem klar, warum bei der Steuerung einer Kreuzung durch den Menschen manchmal Pannen auftreten. Wieder einmal müssen wir erkennen, daß Information Voraussetzung für sinnvolle Regelung ist. Je weniger Information man vor einer Entscheidung besitzt, desto willkürlicher ist diese, und desto geringer ist die Chance, die optimale Lösung zu finden.

Ein weiterer Aspekt des Speicherns und des Sammelns wurde bisher außer Betracht gelassen. Der Mensch ist oft Sammler aus spielerischer Freude am Sammeln: er sammelt Briefmarken, Bierdeckel, Uhren, Ehrentitel und vieles andere mehr. Diesen spielerischen und nur wenig auf Nutzen ausgerichteten

Speichertrieb finden wir bei den weitverbreiteten Spieldosen wieder, Geräten, die ihre Herkunft ebenfalls dem Speichern von Daten verdanken. Wir haben schon im ersten Kapitel über die Blütezeit der mechanischen Automaten im 18. Jhdt. und über ihre philosophische Grundlegung gesprochen. In Neuchâtel

Souvenir des Jaquet Droz Paris.

Abb. 29 Der Schreiber kann auf beliebigen Text, bis zu 40 Zeichen lang, programmiert werden (siehe Schriftprobe); für den sehr ähnlich aussehenden Zeichner gibt es mehrere Sätze von Gleitkamm-Steuerungen, die entsprechend viele Zeichnungen hervorbringen (siehe auch Abb. 30)

in der Schweiz sind drei der schönsten Exemplare dieser Kunstgattung zu sehen: die Orgelspielerin, der Schreiber und der Zeichner, Werke der Familie Jaquet-Droz (Abb. 28, 29 u. 30). Während der Zeichner elegant die Bilder seines Hundes (Mon Toutou) und Ludwig XV., der ihn übrigens nach Versailles bringen ließ, auf kleine Karten zeichnet (Abb. 30), taucht der Schreiber seine Gänsefeder, die er in der rechten Hand hält, in ein Tintenfaß, schüttelt die überflüssige Tinte ab und schreibt unverdrossen Grüße der Familie Jaquet-Droz für alle Besucher. Die Orgelspielerin blickt kokett um sich, ob auch alle ihrem Spiele lauschen, und verstärkt die Wirkung ihres Vortrags noch durch die sehr realistisch anmutenden Atembewegungen. Die heutigen Computer erwecken beim besten Willen nicht den gleichen Eindruck wie ihre wunderschönen künstlerischen Vorfahren, doch sind sie sehr wohl imstande, selbst Kunst herzustellen. Doch davon später.

Abb. 30 Zwei Zeichenproben des Zeichners von Jaquet-Droz

Der Weg zur aktenlosen Geschäftsführung

Die Fülle von Daten, mit denen wir es heute zu tun haben, stellt uns nicht nur bei der Speicherung vor Probleme, sondern auch bei der Datenaufnahme. So wird es für viele große Organisationen immer schwieriger, das Anwachsen des Beleganfalles zu bewältigen. Dazu gehören Kreditinstitute und Versicherungsgesellschaften ebenso wie Ministerien oder die Polizei, die sich alle mit einer

Abb. 31 Der Belegleser (rechts im Hintergrund) versorgt den Computer mit Information aus mit Schreibmaschine oder Handschrift ausgefüllten Formularen

großen Menge von täglich zu verarbeitenden Belegen beschäftigen müssen. Im Anfangsstadium der Datenverarbeitung mußten Daten auf sogenannte Datenzwischenträger, wie zum Beispiel Lochkarte oder Lochstreifen, übertragen werden, um sie für den Computer lesbar zu machen. Schon sehr früh machte man sich aber Gedanken, wie man diesen Umweg, diese Verdopplung des Aufwands vermeiden könnte. Einen Schritt auf diesem Weg stellte die Verwendung magnetischer Schrift auf Belegen dar, die sowohl vom Menschen als auch vom Computer gelesen werden kann. Die weitere Entwicklung brachte uns optische Belegleser, die je nach Ausstattung entweder nur Ziffern, oder aber auch Buchstaben und Sonderzeichen, ja sogar Handschrift lesen können (Abb. 31). Und das alles von gewöhnlichem Papier, das mit gewöhnlicher

Tinte oder Druckerschwärze beschrieben wurde. Ein zweiter Weg ist die direkte Eingabe von Daten in den Computer über eine an ihn angeschlossene elektrische Schreibmaschine oder, und hier wird gleichzeitig der Papierflut Einhalt geboten, über ein mit einem Bildschirm ausgestattetes Datenendgerät. Wenn wir nun noch bedenken, daß solche dezentral aufgestellten Datenendgeräte (Terminals) auch zur Datenausgabe verwendet werden können, so erkennen wir, welche Bedeutung ihnen heute schon zukommt und wie sehr sie das Geschäftsleben von morgen beeinflussen werden.

Sehen wir uns einmal, als Beispiel, die Geschäftsführung eines Versicherungsunternehmens an. Alle Informationen über einen Versicherungsvertrag sind in einem Akt unter der Versicherungsnummer gesammelt und an zentraler Stelle abgelegt. Die Tatsache, daß viele Stellen im Versicherungsbetrieb zumindest Teile dieser Daten zur Verfügung haben müssen, führt dazu, daß neben diesem Stamm- oder Hauptakt eine Reihe von Parallel-, Neben- und Teilakten angelegt wird. So hat etwa die regionale Gliederung des Unternehmens Parallelakte in der jeweiligen Geschäftsstelle und beim Vermittler notwendig gemacht. Nebenakte ergeben sich als Folge bestimmter Tätigkeiten: Schaden- und Mahnabteilungen haben in der Regel eigene Akte. Teilakte, meist in Form von Karteien, werden vor allem angelegt, um schneller zu bestimmten speziellen Informationen zu kommen.

Der Mehraufwand bei dieser Vielfachspeicherung von Daten, die räumlichen und organisatorischen Probleme, die damit verbundenen Kosten und, nicht zuletzt, die Ungenauigkeiten, die dadurch entstehen, daß die gleichen Daten an vielen verschiedenen Stellen eingetragen oder ausgebessert werden müssen, geben einen Eindruck von der Dringlichkeit dieses Problems. Eine jahrelange mühsame Entwicklung hat eingesetzt, um hier Abhilfe zu schaffen. Viele fortschrittliche Gesellschaften haben die aktenlose Geschäftsführung als Ziel vor Augen; in einigen amerikanischen Unternehmen wird sie heute schon praktiziert. Man versteht darunter die Aufnahme sämtlicher für die Geschäftsabwicklung interessanten Daten in eine sogenannte Datenbank und deren ausschließliche Benützung bei Geschäftsvorfällen. Die Datenbank hat man sich als eine in einem großen externen Speicher befindliche Zentralregistratur vorzustellen, deren Inhalt jederzeit von den verschiedensten Stellen aus abgefragt werden kann. Jeder Angestellte kann die von ihm benötigte Information direkt aus der Datenbank beziehen, sofern er an seinem Arbeitsplatz ein Terminal, zum Beispiel in Form eines Bildschirmgerätes, zur Verfügung hat. Im Rahmen seiner Tätigkeit kann er mit eben diesem Terminal aber auch Daten ändern, streichen oder hinzufügen, wie es etwa bei Adreßänderungen, Neuabschlüssen, Stornierungen, Sistierungen oder beim Eintritt von Schadensfällen notwendig ist. Sämtliche diese Geschäftsvorfälle behandelnden Abteilungen arbeiten gleichzeitig mit den zentral gespeicherten Daten, wodurch sichergestellt ist, daß jeder Mitarbeiter dasselbe und das aktuellste Datenmaterial über einen Versicherungsnehmer zur Verfügung hat.

Bei der Betrachtung dieser faszinierenden Möglichkeiten sollten wir uns aber an den zu Beginn dieses Kapitels erwähnten ursprünglichen Zweck eines Speichers erinnern — Gut vor dem Verderben und der Entwendung zu schützen. Die in der Datenbank enthaltene Information muß vor mutwilligen, aber auch vor versehentlichen Verfälschungen geschützt werden; nur befugte Personen dürfen Zugang zu dieser Information erhalten, und selbst von diesen darf jeder nur jene Auskünfte erhalten, die er zur Durchführung seiner Arbeit benötigt.

Wir müssen die Datenbank vor manipulativen Händen (unbefugte Dateneingabe) und neugierigen Augen (unbefugte Datenausgabe) schützen. Die Lösung dieses Sicherheitsproblems stellt einen wesentlichen Bestandteil der Organisation einer Datenbank dar. Die verbreitetste Methode, um den angestrebten Schutz zu erhalten, ist die Verwendung von Identifikationskennzeichen, also *Losungsworten,* die vom Benutzer bekanntgegeben werden müssen, um Zugriff zu Datensätzen oder speziell geschützten Datenfeldern zu erhalten. So wird auch das mittelalterliche *Schlüsselsystem* verwendet, bei dem etwa Kaiser und Kardinal je einen Schlüssel zum Öffnen der Schatzkammer besaßen (auch heute noch ist dieses Prinzip bei Banktresoren üblich). Auf die Datenspeicherung übertragen sieht das so aus, daß bestimmte Datenbestände nur dann von einem Programm angesprochen werden können, wenn zwei oder mehrere Personen je einen Teil eines gemeinsamen Losungswortes zur Verfügung stellen.

Der Einsatz von Datenverarbeitungsanlagen in immer mehr Unternehmen führt natürlich zu neuen Formen des Geschäftsverkehrs. Viele unserer Zahlungsverpflichtungen werden heute problemlos in Form eines Dauerauftrages von unserer Bank erfüllt, das Anstellen an einem Postschalter, um Zahlungen mittels Zahlkarte zu erledigen, bleibt uns erspart. Die Übermittlung unzähliger Belege von einer Organisation zu einer anderen wird durch die Überbringung eines Datenbandes ersetzt, das die Informationen über Geschäftsvorfälle enthält, die den Empfänger betreffen, und von diesem zur Eingabe von Neuinformation in seine eigene *Datenbank* verwendet werden kann. Liegt es hier nicht nahe, eine gemeinsame Datenbank für alle Unternehmen eines Landes, der ganzen Welt, vorauszusagen? Und warum sollte dann das Wissen der Menschheit nicht auch einen Bestandteil dieser Datenbank bilden?

Die Welt in der Nußschale ist ein uralter Traum von einem voll überschaubaren System: Alle notwendigen Informationen sind sinnvoll gespeichert und können leicht, zweckmäßig und schnell aufgesucht und verarbeitet werden. Wir sind in den letzten Jahren ein großes Stück des Weges dahin weitergekommen. Die immer undurchsichtiger werdenden Systeme, mit denen wir uns selbst umgeben, die immer vielschichtiger werdenden Organisationsstrukturen müssen jedoch transparenter werden, damit wir erkennen, wo die eigentlichen Hindernisse bei der Verwirklichung unserer Ziele auftreten. Das Setzen von Zielen kann und soll uns die elektronische Datenverarbeitung nicht abnehmen. Andererseits ermöglicht sie uns Einsicht in Zusammenhänge von Problemen und die Steuerung von Abläufen durch eine große Anzahl von entsprechenden Informationen. Deshalb ist es auch unbedingt erforderlich, die Datenspeicherung zu einem zentralen Gegenstand unserer Betrachtungen zu machen.

Kapitel 5

Schein und Sein der Zeichenkette
(Form und Inhalt)

Merkwürdigkeiten der Information
Software + Hardware = Computer
Auch beim Computer gilt 2 + 3 = 5. Aber wie rechnet er es?
Die selben Zeichen, viele Träger
Hier spricht der Computer
Fünf verschiedene Arten der Information

Merkwürdigkeiten der Information

Die Spannung zwischen Form und Inhalt ist ein Grundthema der Informationsverarbeitung, das sich in zahllosen Varianten immer wieder als Ursache für kleine und große Probleme erweist. Denn der gleiche Inhalt kann im Computer die verschiedensten Formen annehmen, und gleiche Formen können die verschiedenartigsten Inhalte repräsentieren. Es ist gerade diese Vielfältigkeit der Erscheinungen und Bedeutungen, die den Unterschied zwischen der Rechenmaschine und der herkömmlichen Maschine ausmacht.

Abb. 32   Die Puppe in der Puppe in der Puppe ... Die Form des Inhalts ist hier die Form der Verpackung, und der Inhalt der Form ist die gleiche Form in kleinerem Maßstab. Auch bei der Information gibt es bemerkenswerte Beziehungen zwischen Form und Inhalt. Zeichenketten scheinen gleich und haben verschiedenen Inhalt — dann wieder scheinen sie verschiedenen Inhalt zu haben, wenn sie nur verschiedene Formen der gleichen Information sind

Die Information hat einige sehr merkwürdige Eigenschaften — sie gehorcht nicht unbedingt den Gesetzen des Abzählens und der Arithmetik. Deswegen kann man sie nicht so leicht messen wie Gewichte oder Stromstärken.

Wenn man zwei Hämmer hat, dann kann man höchstens zwei Nachbarn je einen Hammer borgen. Umgekehrt kann es leicht passieren, daß der gleiche Nachbar wiederholt erscheint, um sich den gleichen Hammer *noch einmal* auszuborgen. Wenn man hingegen zwei Tratschgeschichten weiß, dann kann man sie an beliebig viele Nachbarn weitergeben — jedem beide Geschichten. Andererseits kann man dieselbe Geschichte zwar beliebig oft erzählen, aber besser nicht den gleichen Leuten. Der Nachbar mag wiederholt um den gleichen Hammer kommen, die gleiche Geschichte wird er sicherlich nicht wiederholt zu hören verlangen. Kinder tun das, aber dies ist eine wieder andere Seite der Information ...

Information ist beliebig kopierbar. Die für das Kopieren erforderliche Energie und der Informationsträger kosten meist so wenig, daß man sie vernachlässigen kann.

Der Teil des Computers, der auch beliebig kopierbar ist — der nicht aus Schaltungen besteht, sondern aus Programmen — wird mit dem englischen Wort *Software* bezeichnet. Dies ist auch im Englischen eine sprachliche Neuschöpfung, ein Analogon zu dem Wort *Hardware*, das ursprünglich Eisenwaren bezeichnete, im Zusammenhang mit der Informationsverarbeitung aber die Schaltungen und Speicher des Computers meint, also die Teile, die man anfassen kann. Funktionell sind Hardware und Software gegeneinander austauschbar. Das erklärt sich aus der Tatsache, daß man beim Computer in jeder Hinsicht von den einfachsten Grundbestandteilen ausgeht, in der Schaltung wie im Programm, in der Hardware wie in der Software. Alle Strukturen, gleich ob sie im räumlichen Nebeneinander oder im zeitlichen Ablauf verwirklicht sind, lassen sich im Computer grundsätzlich auf die logischen Grundverknüpfungen zurückführen. Das sind Verneinung, Konjunktion, Disjunktion und Zeitverschiebung.

Die Verneinung drückt sich im Computer durch die systematische Vertauschung von Null und Eins aus. Die Konjunktion ist die *Und*-Verknüpfung. Sie ergibt nur dann einen Ausgang 1, wenn an allen Eingängen Einsen eintreffen. Die Disjunktion ist die *Oder*-Verknüpfung, die am Ausgang 1 ergibt, wenn nur überhaupt einer der Eingänge den Wert 1 erhält; sie gibt also lediglich dann eine 0 als Ausgang, wenn alle Eingänge den Wert 0 zugeführt erhalten. Diese 3 Bauelemente ergeben alle Strukturen der kombinatorischen Logik, sind aber zeitunabhängig. Zur Bewältigung der ständig wechselnden Information genügt es aber, ein ganz einfaches 4. Grundelement beizufügen,

VERNEINUNG

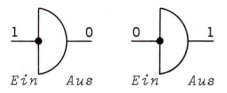

KONJUNKTION

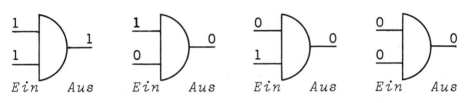

DISJUNKTION

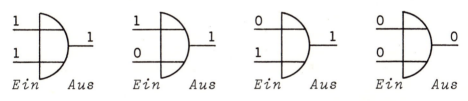

ZEITVERSCHIEBUNG

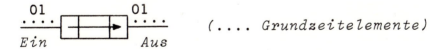

(.... Grundzeitelemente)

Abb. 33 Die vier logischen Grundverknüpfungen, auf die sich alle logischen Strukturen zurückführen lassen: die Verneinung, die systematisch 0 und 1 vertauscht; die Konjunktion, die nur 1 ergibt, wenn die beiden Eingänge 1 sind; die Disjunktion, die nur 0 ergibt, wenn die beiden Eingänge 0 sind; und die Zeitverschiebung, die zeitlich nacheinander eintreffende Information um ein Grundzeitelement verzögert

welches nichts tut, als die im 01-Kleid eintreffende Information um ein Grundzeitelement zu verzögern. Der Computer muß keineswegs aus diesen 4 Grundelementen selbst aufgebaut werden, man kann als Bauteile zusammengesetzte logische Elemente verwenden, die aber in allen Fällen durch eine Zusammenschaltung von Grundelementen ersetzbar wären.

Weil nun Schaltung und Programmierung lückenlos auf diese logischen Grundverknüpfungen zurückführbar sind, gilt ebenso lückenlos, daß Schaltungen und Programmteile grundsätzlich gegeneinander austauschbar sind, daß man ein Gebilde aus Hardware durch ein entsprechendes Software-Gebilde ersetzen kann und umgekehrt. Der gleiche Inhalt läßt sich in die eine oder andere Form gießen. Welchen Weg man dann tatsächlich geht, ob man ein Problem mit Hilfe von Hardware oder Software löst, hängt meist von Wirtschaftlichkeitsüberlegungen ab.

Software + Hardware = Computer

Es versteht sich, daß man nicht alle Hardware in Software umwandeln kann, denn man braucht natürlich eine Grundschaltung, in welcher die Prozesse mit elektronischer Geschwindigkeit ablaufen können. Das wirtschaftliche Optimum liegt also sozusagen in der Mitte. Man kauft von der Lieferfirma eine Kombination von Hardware und Software, das elektronische Gerät samt seinen Grundprogrammen, die nicht nur logische und mathematische Ausdrucksmittel bieten, sondern auch den Betriebsablauf gewährleisten. In dem Bereich von der Software bis zu den einzelnen Anwendungsprogrammen hat man eine weite Auswahl zwischen Lieferfirmen, Softwareunternehmungen und den im Hause geschriebenen Programmen.

Bei der Software ist es noch schwieriger, einen Überblick zu bewahren als bei der Hardware. Ein Programm ist ja ein vollkommen abstraktes Gebilde und daher in seinem Wesen schwer zu durchschauen. Um die Natur dieser Schwierigkeit begreiflich zu machen, sei ein psychologischer Trick zitiert, der *Unmögliche Gegenstand*. Die Abbildung 34 zeigt auf den ersten Blick ein Dreieck und einen Würfel. Bei näherer Prüfung wird man finden, daß in den Einzelheiten alles stimmt, die Ecken sind wohlkonstruiert, und nichts ist verbogen. Trotzdem ergibt die Zusammenschau nicht, was man erwartet, weder das Dreieck noch den Würfel, irgendetwas stimmt nicht an der Zeichnung.

Was bei diesen Zeichnungen passiert ist, kann einem auch in Programmen begegnen. Die Einzelheiten mögen stimmen, die Logik des Details in Ord-

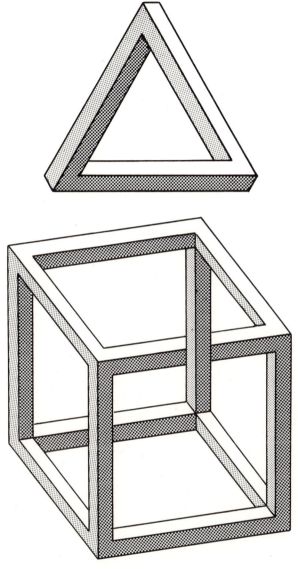

Abb. 34 Zwei „Unmögliche Gegenstände". Sie scheinen eine einfache Struktur zu haben, aber sie sind unmöglich in bezug auf die Erwartung, die unsere Gewöhnung an Strichzeichnungen beim ersten Anblick suggeriert. Programme suggerieren auf den ersten Blick auch oft Einfachheit und Korrektheit, im Detail ist alles in Ordnung, im Ganzen aber erweist sich so manches Programm dann als abstrakter „Unmöglicher Gegenstand"

nung sein, und trotzdem kann das Programm zur Klasse der *Unmöglichen Gegenstände* gehören, weil es kein Ganzes ergibt. Fehler dieser Art zu beheben ist deswegen schwierig, weil Form und Inhalt auseinandergeraten können, weil man den erwünschten Inhalt nicht immer formal beherrscht, weil man aus der Form nicht immer mit Sicherheit auf den Inhalt schließen kann. Vor allem gewähren die Prüfmethoden des Computers selbst höchstens die Richtigkeit der Form; sie garantieren nicht die Richtigkeit des Inhalts. Dazu bedarf es des überwachenden Menschen, und er muß völlig verstehen, was er überwacht.

Auch beim Computer gilt: 2 + 3 = 5, aber wie rechnet er es?

Die Programmierung hat einen weiten Weg zurückgelegt, von den Befehlen, wie sie der Elektroingenieur vorgesehen hat, bis zu den formalen Programmierungssprachen. Wir wollen diese Entwicklung wenigstens in ihren Grundzügen an einem sehr einfachen Beispiel zeigen: 2 + 3 = 5. Wie kommt der Computer zu diesem Resultat? Dazu brauchen wir für die drei Zahlen drei Speicherzellen (Abb. 35). Sie mögen die Nummern 4711, 4712 und 4713 haben. Dann können wir auch davon sprechen, an welchen Speicherplätzen die Informationen untergebracht sind, oder von den Adressen 4711, 4712 und 4713. Am Beginn werden die Werte 2 und 3 in zwei Zellen hineingebracht. Fragen wir uns nun, welche Befehle wir für dieses kleine Beispiel brauchen. Der Elektroingenieur hat einen Befehl zur Verfügung, mit dem man eine Information aus der Speicherzelle in das Rechenwerk holen kann, wo alle Operationen durchgeführt werden. Außerdem hat er einen Befehl für die Addition zur Verfügung, wodurch ein weiterer Wert in das Rechenwerk geholt und zu dem bereits bestehenden Wert hinzugezählt wird. Schließlich hat er noch einen Befehl für das Zurückspeichern vorgesehen, also für das Befördern eines errechneten Resultats in eine Zelle. Diese Befehle werden in einem Code, der auch Maschinensprache genannt wird, durch Zahlen wiedergegeben, das heißt, innerhalb der Maschine haben die Instruktionen zunächst nicht einen Namen, sondern eine Instruktionsnummer. Nennen wir den Herausholbefehl 0815 und die beiden anderen Befehle 0816 und 0817. Dann sieht das Programm für die Addition 2 + 3 = 5 folgendermaßen aus: Befehl 0815, ausgeführt an der Zelle 4711; Befehl 0816, ausgeführt an der Zelle 4712; Befehl 0817, ausgeführt an der Zelle 4713:

(1)   0815 4711
(2)   0816 4712
(3)   0817 4713

Dieses Programm selbst steht auch wieder in bestimmten Speicherzellen, und wir sollten uns erinnern, daß in der Maschine jedes Geschehen binär vor sich geht. Tatsächlich wurde dieses Programm in der Maschine daher als eine Folge von Nullen und Einsen dargestellt, also z. B. so:

(1)   0110 1011 0100 1000 0111 1010 0100 0100
(2)   0110 1011 0100 1001 0111 1010 0100 0101
(3)   0110 1011 0100 1010 0111 1010 0100 0110

Das angeschriebene Programm verwendet den sogenannten Dreiexzeß-Code, der im *Mailüfterl* benützt wurde.

Der Name dieses Pionier-Computers geht übrigens auf eine Bemerkung zurück, die während einer internationalen Tagung fiel: „Es wird kein *Wirbelwind* und kein *Taifun* werden" — das waren damals sehr berühmte, schnelle amerikanische Datenverarbeitungsanlagen, und die Wiener Maschine, aus Hörrohrtransistoren aufgebaut, versprach eine bescheidene Geschwindigkeit — „aber auf ein Wiener *Mailüfterl* wird es reichen." Dieser Name hat so eingeschlagen, daß es dabei blieb: der Wiener Computer hieß fortan *Mailüfterl*.

2 + 3 = 5

| 4711 | 4712 | 4713 | $HOL = 0815$ $x = 4711$
| 2 | 3 | 5 | $ADD = 0816$ $y = 4712$
                                $ABS = 0817$ $z = 4713$

08154711 $z := x + y$ $HOL\ x$
08164712 $ADD\ y$
08174713 $ABS\ z$

Abb. 35   So rechnet der Computer $2 + 3 = 5$. Der Behälter 4713 ist vor der Rechnung leer, nachher kann das Ergebnis 5 dort abgeholt werden. Das Programm besteht aus drei Befehlen: Holen, Addieren und Abspeichern. Es kann in Zahlenform auftreten (links unten) oder — wenn der Computer mit der Entsprechungsliste rechts oben arbeitet — in der symbolischen Form (rechts unten). Verwendet man eine Programmierungssprache, so kann man das Programm mit einer Zeile anschreiben wie in der Algebra (Mitte): $z := x + y$. Ein Übersetzungsprogramm muß dann diese Anschreibung in die Zahlenform transformieren

Doch kehren wir zu unserem Programm zurück. Die drei Befehle

(1)   0815 4711
(2)   0816 4712
(3)   0817 4713

bedeuten folgendes:

Befehl 1: Hole den Wert aus der Zelle 4711; er ist 2.
Befehl 2: Hole den Wert aus der Zelle 4712 und addiere ihn zu dem bereits geholten. Der Wert ist 3 und das Ergebnis 5.
Befehl 3: Bringe das Ergebnis in die Zelle 4713.

Meist wird durch den nächsten Befehl das letzte Ergebnis im Rechenwerk gelöscht, aber man hat es ja im Speicher und kann es unter der Nummer 4713 wieder abrufen. Der Computer hat unsere kleine Rechnung ausgeführt. Allerdings ist diese Art, Befehle anzuschreiben, nicht sehr bequem. Der Programmierer muß sich die Nummern der Befehle und Speicherzellen merken und kann sich dabei leicht irren. Ersetzungslisten helfen hier ab. Man ordnet den Befehlsnummern mnemotechnisch geeignete Abkürzungen zu und verwendet Namen statt Adreßnummern. In praktischen Programmen wird man diese Namen entsprechend der Größe wählen, die sie darstellen; etwa PERSNO für Personalnummer. Wählen wir für unser Beispiel die folgenden Ersetzungen:

      für 0815 = HOL   (holen)   4711 = X
      für 0816 = ADD (addieren)   4712 = Y
      für 0817 = ABS (abspeichern) 4713 = Z

Wir können dann die drei Befehle in der Form

(1)   HOL   X
(2)   ADD Y
(3)   ABS   Z

anschreiben, und wenn man das Programm in die Maschine einfüllt, wird es nicht unmittelbar ausgeführt, sondern ein Hilfsprogramm tauscht zunächst die symbolische Anschreibung gegen die Befehls- und Zellennummern aus.

Mit symbolischen Codes wird heute sehr viel programmiert, doch kann man einen Schritt weitergehen. Das Telefonzellen-Beispiel hat uns gelehrt, daß die Analyse eines zunächst einfach aussehenden Befehls mitunter zeigt, daß er eigentlich aus einer Kette von Unterbefehlen besteht. Gewisse Routineoperationen — Rechenvorgänge, Übertragungen, Funktionswertbestimmungen und andere formale Auswertungen laufen häufig ab und stets in der gleichen Weise. Solche Programmteile möchte man möglichst einfach anschreiben können und dem Computer die Routineauswertung überlassen. Die Verallgemeinerung dieses Verfahrens führt zu den höheren Programmierungssprachen, bei deren Verwendung dem Programmierer die Auflösung in Unterbefehle erspart wird. Unser kleines Beispiel schrumpft auf eine einzige Instruktion zusammen, die nicht anders aussieht, als die übliche algebraische Anschreibung, nämlich

(1) (2) (3) $Z = X + Y$

oder, weil im Computer mit dieser Anschreibung keine Gleichung, sondern ein Befehl gemeint ist, in manchen Sprachen noch deutlicher

$$Z := X + Y$$

Diese Schreibweise legt zugleich nahe, daß dem Namen Z jener Wert zugeordnet werden soll, der durch die Summierung der Werte entsteht, die den Namen X und Y entsprechen.

Ein Übersetzungsprogramm, in der Fachsprache auch Compiler genannt, sorgt für die vorhin erwähnte Auflösung in die (in unserem Fall: 3) Einzelinstruktionen und verwandelt den in der Programmierungssprache geschriebenen Text in die Befehlsfolge des Maschinencodes.

Es gibt eine ganze Reihe von Programmierungssprachen, die sich nach verschiedenen Gesichtspunkten voneinander unterscheiden: nach dem Verwendungszweck und nach dem Grad der Universalität (Abb. 36). Die älteste von ihnen heißt FORTRAN, das kommt vom englischen *Formula Translator,* auf deutsch *Formelübersetzer,* weil das oben erwähnte Auflösen von mathematischen Formeln in Maschinenbefehle der Ausgangspunkt für die Entwicklung dieser Programmierungssprache war. FORTRAN ist eine wissenschaftliche Programmierungssprache, entworfen allerdings von Industrie-

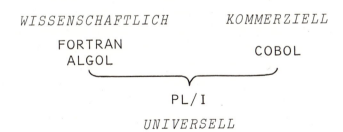

Abb. 36   Programmierungssprachen bringen den Computer dem Benützer näher. Sie sind einerseits auf Anwendungsgebiete hin orientiert und anderseits durch die Entwurfsgedanken geprägt

Mathematikern der Firma IBM, die demgemäß auf die Bedürfnisse des industriellen Programmierens besondere Rücksicht nahmen und die Sprache auf ein industrielles Produkt zuschnitten.

Hingegen wurde ALGOL, ebenfalls eine wissenschaftliche Programmierungssprache, von einer Gruppe von Hochschullehrern, vorzugsweise numerischen Mathematikern, geschaffen. Dementsprechend ist ALGOL für den Hochschulunterricht der numerischen Mathematik ganz besonders gut geeignet und zur Darstellung von Algorithmen beliebt.

Etwa zur gleichen Zeit wie ALGOL entstand für kommerzielle Zwecke die Programmierungssprache COBOL, die von einem amerikanischen Komitee entworfen wurde und auf die Denk- und Schreibweise des Kaufmannes besondere Rücksicht nimmt. Das Komitee wurde von der Industrie auf Drängen der amerikanischen Regierung beschickt, die an einer Normung der kaufmännischen Programme in ihrem Bereich schon deswegen Interesse hatte, weil sie ja im ganzen Bundesgebiet für gleiche Bedingungen sorgen muß. Mit dem Fortschritt der Informationsverarbeitung steigt das Bedürfnis für höhere Universalität. In den kommenden Jahren wird der Kaufmann immer mehr wissenschaftliche Berechnungen ausführen müssen, und der Wissenschaftler wird nicht ohne beträchtliche Buchhaltungsprobleme leben können. Eine Sprache, die diesem Bedürfnis gerecht wird, führt den Namen PL/I.

Die selben Zeichen — viele Träger

Wir haben gezeigt, wie viele verschiedene Formen unser kleines Programm 2 + 3 = 5 annehmen kann, von der Binärdarstellung bis zur Anweisung in der Programmierungssprache. Aber nicht nur in viele verschiedene Zeichenketten kann sich die inhaltlich gleichbleibende Aufgabe verkleiden, sondern sie kann sich auch in vielerlei Datenträgern materialisieren.

Auch heute noch ist die Lochkarte der am weitesten verbreitete Datenträger. Ihre Vorzüge sind, daß sie die auf ihr gespeicherte Information auch in Klartext tragen kann und damit den direkten Verkehr zwischen Mensch und Maschine erleichtert. Sie kann gleichzeitig die Funktion eines Belegs übernehmen, man nennt sie dann auch Verbundkarte. Ein Teil von ihr kann als Quittung zurückbehalten werden, ein anderer durch Eingabe in den Computer den Kreislauf einer Zahlung schließen. Sie findet Verwendung als Karteiblatt und Werbeträger oder als Schlüssel im Leihverkehr automatisierter Bibliotheken. Ihre Größe, wird erzählt, geht auf Mr. Watson sen. zurück, den Gründer der Firma IBM. Als Hollerith ihm allerlei Vorschläge für die

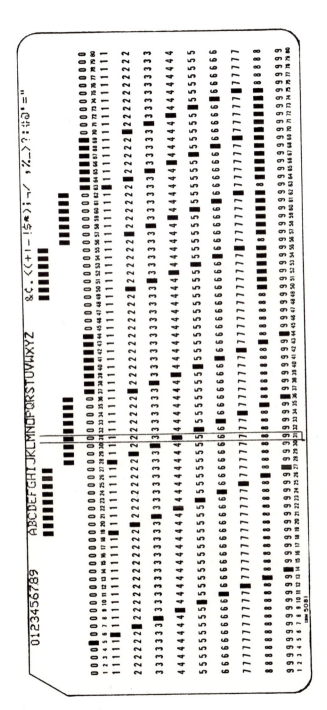

Abb. 37 Der Lochkarten-Code war ursprünglich kein Kombinations-, sondern ein Auswahl-Code: es wurde in eine von 10′ Lochpositionen gestanzt. Für Buchstaben mußte man auf die Kombination von zwei Positionen übergehen. Der 8-Bit-Code verlangt bis zu sechs Löcher (zwei kann man immer noch durch Positionierung ersparen, man hat ja zwölf Reihen)

Abmessungen unterbreitete, soll ihm Mr. Watson wortlos eine Dollarnote aus seiner Brieftasche überreicht haben. Damit war das Format der Lochkarte festgelegt.

Ein besonderer Trick wird bei ihrer speziellen Form als Markierungsbeleg angewendet. Sie hat dann markierte Stellen, z. B. für die 10 Ziffern, von denen man eine mit einem Bleistiftstrich ausfüllt. Auf Grund des schwarz-weiß-Kontrastes oder mit Hilfe der elektrischen Leitfähigkeit des Striches Markierungsleser die angestrichene Ziffer erkennen.

Hier spricht der Computer

In der menschlichen Kommunikation ist das gesprochene Wort so wichtig wie das geschriebene. Kann die Information aus dem Computer auch die gesprochene Form annehmen? Es gibt Datenverarbeitungssysteme, die vom Telefon aus angewählt werden können, und man braucht dann nicht zu staunen, wenn sich eine leicht rauhe Stimme meldet: „Hier spricht der Computer. Bitte wählen Sie die Nummer Ihrer Frage." Mit dem Verstehen menschlicher Stimmen tut sich der Computer nämlich noch schwer, man muß ihn mittels der Wahlscheibe fragen, aber antworten kann er. Börsenkurse, Lagerbestände, Kontoeintragungen, Fluginformation — was immer im Speicher steht und in einfache Antwortsätze gekleidet werden kann, vermag ein Zusatzgerät in geborgte und gespeicherte Sprache (mit beschränktem Wortschatz) zu verwandeln. Das ist keine Zauberei, sondern nur eine gute Idee.

Schon vor dem Zweiten Weltkrieg wurde in den Bell-Laboratorien der sogenannte *Vocoder* (Stimm-Verschlüßler) entwickelt, und bald nach 1950 begann an der Technischen Hochschule in Wien ein Forschungsprojekt mit dem Ziel, neben der Grundlagenforschung auf diesem Gebiet die Digitalisierung des Vocoders zu erreichen. Der Vocoder ist eine stark vereinfachte technische Realisierung des menschlichen Ohres und der menschlichen Sprechwerkzeuge; die Stimme wird, wie im Ohr, nach ihren Tonhöhenanteilen zerlegt. Daraus wird ein weniger aufwendiges Übertragungssignal gewonnen, das an der Empfangsseite für die Steuerung eines Tongenerators und der Durchlaßstärken von Filtern verwendet wird. Nur leicht deformiert kommt die Stimme wieder zustande: eine von natürlicher Stimme gesteuerte künstliche.

Im Computer liegt das Problem nicht in der Überbrückung der Entfernung, sondern der Zeit: die Stimme soll gespeichert werden, und zwar in digitaler Form, wobei die vereinfachte Signalform des Vocoders Speicherkapazität erspart. Modellsätze und ein Einsetzwortschatz (wie Ziffern, Formen- und Warennamen und dergleichen) können von einem Programm aufgerufen und — dem Speicherinhalt entsprechend — zur Antwort zusammengebaut werden.

Die Wiener Arbeiten wurden im IBM-Laboratorium weitergeführt, bis die technische Realisierbarkeit nachgewiesen war. In den deutschen und dann in den französischen Laboratorien wurde die weitere Entwicklung bis zum produktionsreifen Gerät fortgesetzt, so daß ein Endprodukt — die IBM Sprachausgabe 7772 in der Familie 360 — in der Fabrik von Kingston (N.Y.) hergestellt werden konnte, eine multinationale Unternehmung also. Und dem Wissenschaftler ist es nur selten vergönnt, den Weg von der Uridee bis zur industriellen Auslieferung so unmittelbar zu verfolgen, wie das hier möglich war.

Mittlerweile haben die Bell-Laboratorien ein Experimentalsystem entwickelt, das mit erstaunlich verständlicher Stimme und guter Betonung aus Büchern vorlesen kann. Nur um eine Andeutung einer Anwendung zu geben: ein Arzt, der bei einer Visite für seine Diagnose gerne in einem Fachbuch oder Lexikon nachsehen würde, wird in einiger Zukunft den Computer der Ärztekammer anwählen und sich den Text zu einem Stichwort vorlesen lassen können.

Fünf verschiedene Arten der Information

Während die vielfältigen Möglichkeiten der Datenverarbeitung nicht zuletzt den vielfältigen Möglichkeiten zu verdanken sind, die gleichen Zeichenfolgen zu codieren und auf Trägern zu materialisieren, ergeben sich Grenzen und Gefahren des Computers daraus, daß hinter der gleichen Form der Zahlen und Texte sehr verschiedene Inhalte verborgen sein können. Man kann, mit anderen Worten, Zeichenketten aufs Eleganteste manipulieren, Zeichenersetzungen und Zeichentransporte schnell und sicher organisieren, aber man merkt nicht immer, daß die Bedeutung betrachteter Zeichenketten nicht garantiert ist. Hier helfen keine unmöglichen Gegenstände, die Falle zu erkennen, sondern man wird im Gegenteil zum Opfer des scheinbar Selbstverständlichen.

Das mag vorläufig noch etwas dunkel klingen, aber eine kurze Betrachtung verschiedener Arten der Information wird die Gefahr von Fallgruben

bald deutlich machen. Wir teilen für unseren Zweck die Information in fünf Sorten auf, die von verschiedener Gefährlichkeit sind (Abb. 38).
1. Die numerische Information: reine Ziffernwerte;
2. Die physikalische Information: Ziffernwerte verbunden mit einer physikalischen Dimension (gleichwertig mit einer physikalischen Einheit);
3. Der formatisierte Text: für bestimmte Daten sind bestimmte Felder vorgesehen; die Daten können Zahlen oder Buchstaben oder Wörter sein;
4. Der unformatisierte Text: ein beliebiger Text, frei von jeder Feldeinteilung und in natürlicher Sprache;
5. Der formale Text: eine spezielle Erscheinung der Informationsverarbeitung, es gehören aber auch die Formeln der Algebra dazu.

Die *numerische Information* ist der klarste Fall: es handelt sich stets um Zahlenwerte und um Beziehungen zwischen diesen Zahlenwerten, die durch strenge Regeln der Mathematik definiert sind. Es geht um die strenge Befolgung dieser Regeln, und nur um sie. Jeglicher Sinn, den man den mathematisch verarbeiteten Zahlenwerten etwa zuschreibt, bleibt völlig außerhalb des Geschehens und daher außerhalb des Computers — lediglich in der Hand des Benutzers. Freilich weiß man, daß nicht einmal das völlig gefahrlos ist, und es war ein geistreicher Mann, der die Statistik als Steigerungsform der Lüge definiert hat. Bei der Interpretation von Zahlenwerten ist stets Vorsicht am Platz und erst recht, wenn der Sinn oder die Schlußfolgerungen von der Genauigkeit abhängen. Und ein anderer geistreicher Mann hat die Statistik als die präzise Verarbeitung ungenauer Zahlenangaben definiert. Mit dem Argument *diese Ergebnisse sind vom Computer gerechnet und sie müssen daher stimmen* kann man groben Unfug treiben, allein schon deswegen, weil selten von einem Endergebnis mehr Verläßlichkeit erwartet werden kann als von den Daten, die man am Beginn der Rechnung einfüllte.

Die *physikalische Information* profitiert in idealer Weise von der mathematischen. Die Physik hat sich nämlich durch einen Trick in die reine Mathematik hinübergerettet. Sie zerlegt ihre Größen in ein Produkt aus Zahlenwert und Maßeinheit (z. B. Meter, Kilogramm, Volt, 1/100 km). Bis auf reine Zahlenfaktoren regelt der Begriff der Dimension die Verhältnisse zwischen den Maßeinheiten. In einer korrekten physikalischen Gleichung müssen links und rechts vom Gleichheitszeichen Größen gleicher Dimension stehen, denn sonst wäre es keine Gleichung. Die Dimensionen heben sich heraus und die physikalische Relation ist auf eine numerische zurückgeführt. Der Computer bekommt es nur mit reiner Mathematik zu tun, zum Beispiel mit den Differentialgleichungen der Physik, die dafür berüchtigt sind, bei gewissen Problemen die stärksten Computer zu überfordern. Hinsichtlich der Bedeutung, hinsichtlich der Dimension der Ergebniszahlen aber gibt es keine Ungewißheit.

Der *formatisierte Text* beruht auf einem Vorgehen, welches bei der Buchführung und anderen datenerfassenden Vorgängen seit langem gebräuchlich ist. Für den sprichwörtlichen Buchhalter gibt es nichts außer den Eintragungen in die Spalten seiner Bücher. Die kommerzielle Datenverarbeitung als Abwicklung der Buchhaltung liebt ihre Formulare nicht weniger, und sie weiß warum. Das Formular garantiert die Sicherheit der Verarbeitung, weil über die Bedeutung der Eintragung in einer Spalte nicht zu diskutieren

```
NUMERISCH              635,41

PHYSIKALISCH           635,41 kg

                       kg              DATUM
FORMATISIERT           635,41          26.11.1969

UNFORMATISIERT         AM ANFANG WAR DAS WORT

                       GOTO ANFANG;
FORMALER TEXT          ANFANG = WORT
```

Abb. 38 Wie erfaßt der Computer den Sinn der Information? Nicht wie der Mensch. Reine Zahlen mit reinen Zahlen verknüpfen ist leicht. Alles andere ist voller Fallstricke

ist. Im Rahmen der Routineverarbeitung trifft das auch zu, aber im allgemeinen ist die Situation nicht ohne Tücken.

Die Abb. 39 zeigt ein Formular, an dem die Wichtigkeit des gewünschten Inhalts der Spalten deutlich gemacht werden soll. Der Reisende ist gewissermaßen der Titelheld eines Theaterstückes von Pavel Kohout: *August August, August*. Schon bei diesem Titel muß man nachdenken, was die drei Wörter *August* bedeuten, und man freut sich, wenn man begriffen hat, daß sie für Vorname, Familienname und Beruf stehen.

Im Meldezettel ist diese Idee noch weiter ausgesponnen, und es gehört nicht viel Phantasie dazu, sich auszumalen, wie verschieden sich vor einem solchen Formular ein Mensch und ein Computer verhalten. Denn der Computer hat keine Möglichkeit, die Bedeutung der Eintragungen zu begreifen.

Es ist ja schon für den denkenden Menschen nicht leicht, manche Formulare auszufüllen. Mit welchen Problemen hat man zu kämpfen, wenn man sich bemüht, die richtigen Daten in ein Formular für die Volkszählung einzusetzen.

VORNAME	ZUNAME	BERUF
AUGUST	AUGUST	AUGUST
GEBURTSORT	GEBURTSDATUM	STAATSBÜRGERSCHAFT
PRAG	20 AUGUST 20	CSSR
WOHNORT	STRASSE	LAND
PRAG	20 AUGUST 20	CSSR
EINREISEDATUM	AUSREISEDATUM	UNTERSCHRIFT
10 AUGUST 70	20 AUGUST 70	AUGUST AUGUST

Abb. 39 Hätte man die definierende Information für die Felder eines Formulars nicht, dann könnte man es weder ausfüllen noch könnte man die Eintragungen verstehen, sie bleiben ungewiß oder sogar sinnlos. Computerprogramme können Eintragungen verknüpfen, aber nur in Ausnahmefällen den Sinn der Eintragung überprüfen

Der Computer nimmt von all diesen Dingen keine Notiz, denn er hat ja kein Programm dafür. Was man programmieren kann, sind Verknüpfungsregeln für die Eintragungsdaten, und es bleibt dem Programmierer nichts anderes übrig als vorauszusetzen, daß die Eintragungen richtig sind. Wenn der aufnehmende Beamte bei einer Inventur in einem kleinen Nebenraum vier Lokomotiven einträgt, muß es dem Computer recht sein. Ein Programm, das automatisch alle Größenverhältnisse nachprüfen würde, wäre zwar vielleicht im Prinzip denkbar, aber praktisch unmöglich. Ein denkender Mensch hingegen würde die Diskrepanz sofort erkennen.

Der *unformatisierte Text* ist der schwierigste von allen. Nur in Ausnahmefällen läßt sich die Bedeutung mit mechanischen Mitteln erfassen. Eine Vorstellung davon gibt die bekannte Szene in Goethes *Faust,* wo es um die Übersetzung der ersten Verse des Johannes-Evangeliums geht. Faust ist mit der bestehenden Übertragung nicht zufrieden und findet drei neue Übersetzungen:

„Im Anfang war der *Sinn*, die *Kraft*, die *Tat*". Der Leser ist eingeladen, die Übersetzungen dieser Hauptwörter in einer ihm bekannten weiteren Fremdsprache nachzuschlagen. Im Englischen zum Beispiel ergeben sich über 20 Möglichkeiten. Wie soll der Computer eine Entscheidung treffen?

Es ist daher auch nicht verwunderlich, daß es um die automatische Sprachübersetzung merklich ruhiger geworden ist. Die wissenschaftliche Arbeit läuft zwar weiter, aber die ersten Sensationen sind abgeklungen, und heute gibt es keinen Grund anzunehmen, daß in näherer Zukunft hohe Qualität der Übersetzung ohne menschliche Nachbearbeitung erreichbar wird. Die mechanische Übersetzung stößt wie jede Verarbeitung von unformatisiertem Text auf die Schwierigkeit, daß sich die Bedeutung, daß sich der Inhalt des Gesagten nicht durch formale Regeln einfangen läßt.

Der *formale Text*, die fünfte und letzte Art der Information, ist eigentlich ein Kind des Computers. Wenn auch die Formeln der Algebra bereits in

Abb. 40   Diese jungen Damen sind Locherinnen oder Prüferinnen eines IBM Büros in Stockholm 1934. Der Computer muß glauben, was sie lochen und was er nicht mit seinen Regeln als falsch erkennen kann. Wenn Locherinnen und Prüferinnen Unsinn passieren lassen, kann Böses geschehen

diese Kategorie gehörten, in einer Programmierungssprache und in allen formalen Sprachen sind alle Begriffe, alle Wörter und alle Relationen logisch-präzise definiert (was nicht ausschließt, daß man einige von ihnen logisch-präzise als undefiniert erklärt).

Die Verbindung mit dem Computer ist auch eine innere. Die präzise Definition greift nämlich stets auf ein abstraktes, computerartiges Modell zurück. Der Theoretiker denkt sich eine abstrakte Maschine aus, in die der formale Text einlaufend gedacht wird, und deren innere Zustände sich in Abhängigkeit vom einlaufenden Text nach genauen Regeln ändern, und die Zustandsänderungen der Maschine legen für den betrachtenden Theoretiker den Sinn des Textes fest. Es liegt also bei jedem Text perfekt fest, was er bedeutet. In der Abb. 38 mag GOTO einen Sprung an eine Stelle des Textes bedeuten, die mit dem Wort ANFANG markiert ist. Die zweite Zeile legt fest, daß die Variable ANFANG den Wert WORT annimmt. Für den Menschen wie für den Computer ist völlig klar, was bei der Ausführung des Programms geschehen muß.

Kapitel 6

Die Nervenzentrale des Fließbandes (Prozeßsteuerung)

Was ist die sogenannte Zweite Industrielle Revolution wirklich?
Ein Hauptproblem unserer Zeit ist die Zeit
Freiheit: Wahl zwischen Alternativen
Das Addierwerk als Sonderfall einer Gruppe von 10^{154} Schaltungen
Die größte Zahl, die je betrachtet wurde

Was ist die sogenannte Zweite Industrielle Revolution wirklich?

Mit dem Einsatz des Fließbandes in den Autofabriken von Henry Ford hat das industrielle Zeitalter begonnen. Die wirtschaftlichen und sozialen Auswirkungen dieser Produktionsmethode waren von größter Bedeutung. Das Neue bestand nicht darin, daß sich der Mensch eines Werkzeugs oder einer Maschine bediente, um ein Produkt herzustellen, sondern daß Maschine und Mensch in einem vorgegebenen Arbeitsablauf zusammengespannt wurden — dem Fließbandarbeiter ist der Ablauf seiner Handgriffe und der Arbeitsrhythmus aufgezwungen. Der Siegeszug des Fließbandes und anderer technischer Hilfen in der industriellen Fertigung ist eine Tatsache. Es ist heute sinnlos, über Vor- und Nachteile dieser Ersten Industriellen Revolution zu sprechen, denn sie ist abgeschlossen, und eine ganz andere Entwicklung hat inzwischen eingesetzt: der Einzug des Computers in die Verwaltungsräume und in die Fabrikhallen wird noch viel größere wirtschaftliche und gesellschaftliche Auswirkungen hervorrufen als das Fließband oder der automatische Webstuhl. In wirtschaftlicher Hinsicht wird die Datenverarbeitung ähnliche Folgen haben wie das Fließband, das heißt, sie wird ebenfalls eine billigere Fertigung ermöglichen. Die gesellschaftlichen Auswirkungen werden jedoch wesentlich erfreulicher sein als die der Ersten Industriellen Revolution. Das Prinzip der Fließbandarbeit — der Mensch als Gehilfe der Maschine — findet sich bei der Datenverarbeitung als angenehme Umkehrung: Der Computer übernimmt die eigentliche Arbeit, die Entscheidungen und die schöpferische Arbeit verbleiben beim Menschen. Der Mensch kann aus dem unmittelbaren Fertigungsprozeß herausgenommen werden und ist nur für die Planung, Steuerung und Kontrolle des Prozesses verantwortlich.

Der Mensch wird so zum Manager des Computers. Dieser übernimmt die Durchführung der Aufgaben. (Die etwas ironische Definition *Managen heißt Arbeiten erledigen ... durch andere* trifft hier tatsächlich den Kern.) Selbstverständlich leistet der Computer auch bei der Planung, Steuerung und Kontrolle wesentliche Hilfe. Vor allem aber bei der Planung wird der Mensch immer den ausschlaggebenden Beitrag zu leisten haben.

Die Produktivität der industriellen Fertigung wird immer größer, die Wertschöpfung des einzelnen Arbeitnehmers ist ständig im Wachsen. Wir finden in der Industrie einen raschen Substitutionsvorgang, bei dem der Produktionsfaktor Arbeitskraft durch den Produktionsfaktor Kapital (in Form von Maschinen — und hier vor allem von Computern) ersetzt wird. Der langfristige Trend geht dahin, daß wesentlich mehr Arbeitskräfte in anderen Bereichen — vor allem in der Dienstleistungsbranche — benötigt werden als in der industriellen Fertigung eingespart werden können. Über die sozial positiven Auswirkungen des Computers wird noch im nächsten Kapitel gesprochen werden.

Die zweite Industrialisierungswelle, die Zweite Industrielle Revolution, ist eine Folge der elektronischen Datenverarbeitung. Wir haben heute die Mittel zur Verfügung, um mit den Anpassungsschwierigkeiten wesentlich besser fertigzuwerden, als dies bei der Ersten Industriellen Revolution gelungen ist. Dazu ist aber die Einsicht in die Größenordnung und die Struktur der heutigen Probleme genauso notwendig wie Verantwortungsbewußtsein, spezielle Ausbildung und vor allem etwas, was wir altmodisch mit Bildung bezeichnen wollen. Unter Bildung verstehen wir ein persönliches Daten- und Wertesystem, das es dem Menschen erlaubt, mit den verschiedensten Problemen, die von allen Seiten auf ihn einstürmen, fertig zu werden.

Die richtige Einstellung zu den Problemen von morgen und das zu ihrer Lösung nötige Wissen sind nur durch intensive und ständige Schulung zu erreichen. Die Annahme, daß in einer sich ständig ändernden Umwelt eine einmalige Schulung im ersten Lebensabschnitt des Menschen genügen könne, ist falsch. Die Möglichkeit, geistig mobil zu sein, immer neue Verfahrensweisen zu erlernen und nicht das ganze Leben lang eine automatisierte Tätigkeit auszuüben, wird von mehr und mehr Menschen erkannt und begrüßt.

Ein Hauptproblem unserer Zeit ist die Zeit

Vor allem die Zeit, die man nicht hat. Wenn man unter Zeitdruck steht, möchte man vieles zugleich machen können. Am Beispiel eines Autofahrers erkennen wir, daß uns das gleichzeitige Behandeln verschiedener Aufgaben ohnehin in Fleisch und Blut übergegangen ist, ohne daß wir uns dessen bewußt werden. Unser Autofahrer hat das Radio eingeschaltet, und während er eine Zigarette raucht und mit der Beifahrerin plaudert, lenkt er den Wagen durch eine Kurve. Seine Sinne sind nicht ausschließlich auf eine dieser vier Tätigkeiten gerichtet, vielmehr widmet er sich ihnen gleichzeitig, wenn auch auf verschiedenen Bewußtseinsebenen. Gesichtssinn, Gehör, Tastsinn, Geschmack usw. melden laufend Eindrücke, die sein Gehirn nach Wichtigkeit sortiert und verarbeitet. Entscheidungen werden auf Grund der einlaufenden Meldungen und der Erfahrung des Lenkers getroffen, und die Ausführung (z. B. Kuppeln und Zurückschalten vor der Kurve) läuft zum Teil unbewußt und automatisch ab. In einer Ausnahmesituation, etwa wenn der Wagen schleudert, wird der Fahrer das Gespräch unterbrechen und sich hauptsächlich dem Lenken widmen. Daß das Radio läuft, kommt ihm dann überhaupt nicht mehr zum Bewußtsein. Ein zusätzlicher Störfaktor, ein über die Straße laufendes Huhn, kann zur Folge haben, daß er den Wagen verreißt und im Straßengraben landet. Der Fahrer war überfordert: letztlich war er nicht in der Lage, in der ihm zur Verfügung stehenden Zeit die Konsequenzen seines Verhaltens abzusehen. Anhand dieser kurzen Geschichte kann man viele Ähnlichkeiten zwischen der Handlungsweise des Menschen und der Steuerung eines industriellen Prozesses durch den Computer finden.

Betrachten wir zum Vergleich eine computergesteuerte Walzenstraße: Die Sinnesorgane des Computers sind Meßgeräte, die Temperatur, Gewicht, Dimension des Walzgutes und viele andere Daten an eine Zentrale melden. Die ausführenden Organe dieser Zentrale sind Stellglieder: mechanische, hydraulische, pneumatische, elektrische Vorrichtungen, die die Walzen nachstellen, die Walzgeschwindigkeit verändern usw. Der Computer wertet die einlaufenden Meßdaten aus und steuert auf Grund vorbedachter und gespeicherter Entscheidungen die gesamte Anlage über die erwähnten Stellglieder. Bei gleichzeitigem Auftreten von Ereignissen unterbricht der Prozeßrechner die Bearbeitung von Aufgaben geringerer Dringlichkeit zugunsten wichtigerer Erfordernisse.

Welche Aufgaben hat nun der Mensch in einem automatisierten Prozeß? Zunächst muß er die Entscheidungen, die der Rechner treffen soll, in allen ihren Konsequenzen vorbedenken. Zur Beherrschung eines Prozesses muß nicht nur sein Ablauf in allen Phasen durch Meldungen beobachtbar und seine Steuerung überhaupt möglich sein, es müssen auch alle nur möglichen Auswirkungen eines Eingriffes bekannt sein und bei der Automatisierung des Prozesses einkalkuliert werden. Aber auch nach Abschluß der Voraus-Denkarbeit, nach der Installation und dem Probelauf einer automatischen Produktionsanlage ist der Mensch noch nicht unnötig. Die Maschinerie ist zwar genau, schnell, detailliert, routiniert, spezialisiert, aber der Mensch hat den Überblick. Obzwar er langsam in seiner Reaktion ist und obwohl er Details gern vergißt, hat er Intuition, Kreativität, er ist flexibel: seine Spezialität ist die Unspezialisiertheit.

Betrachten wir die Relation des Computers zum Menschen von einem höheren Standort. Wir wollen gar nicht von den Extremisten reden, von den Superpessimisten, die den Computer als perfekten Idioten bezeichnen, der nichts kann als befohlene Additionen auszuführen, und von den Überoptimisten, die das Wort *Elektronengehirn* nicht als poetischen Vergleich benutzen, sondern tatsächlich daran glauben. Beide haben unrecht, denn der Computer kann sehr viel mehr als bloß addieren oder direkt Befohlenes ausführen, und er kann sehr viel weniger als das Gehirn. Da paßt ein anderer Vergleich viel besser.

Man hat die Menschheit einmal in 3 Kategorien eingeteilt:
1. in die Ungebildeten, die die Dinge nur isoliert sehen,
2. in die Halbgebildeten, die die Regeln kennen, und
3. in die Gebildeten, die die Ausnahmen respektieren.

In dieser Einteilung paßt der Computer perfekt in die 2. Kategorie. Er ist eine Maschine, die Regeln befolgt und nichts als Regeln. Sie kann alles machen, was in Regeln gefaßt werden kann (und das ist selbstverständlich mehr als befohlene Additionen), aber sie kann und soll nichts tun, was außerhalb der programmierten Regeln liegt (und das ist weit weniger, als das Gehirn vermag).

Mensch und Maschine können einander ideal ergänzen und eine echte Symbiose bilden. Mensch plus Maschine ergibt einen flexiblen Pedanten — und das ist eine gute Mischung. Wir alle haben die Arbeitsweise dieses flexiblen Pedanten mit eigenen Augen verfolgen können: bei der dramatischen APOLLO 13-Mission im April 1970. Der gute Abschluß dieses Unternehmens war nur durch das exakte Zusammenspiel von Mensch und Maschine möglich. Auch der Raumflug erweist sich bei näherer Betrachtung als ein Prozeß. Als ein Prozeß allerdings, der nicht bis in die kleinsten Einzelheiten bekannt ist — und hier bestätigt sich augenfällig, daß ein Automat nicht mit unvorhergesehenen Situationen fertig werden kann, wohl aber der Mensch. Vor allem dann, wenn ihm die für seine Entscheidungen notwendigen Daten blitzschnell zur Verfügung stehen. Die Schnelligkeit, mit der solche Daten bereitgestellt werden, ist ein wesentliches Merkmal von Prozeßrechnern. Den Astronauten hätte es nichts genützt, am 15. zu erfahren, daß sie sich am 14. auf einer falschen Bahn befunden haben. Die Position und der Bahnverlauf mußten zu jedem Augenblick bekannt sein. Beides auszurechnen war eine der vielen Aufgaben der Computer im Kontrollzentrum Houston. Daten hierfür langten ständig von den über die ganze Erde verteilten Radarstationen ein. Die Angaben, wie eine Kurskorrektur durchzuführen wäre, kamen von den Computern. Die Entscheidung, ob eine Kurskorrektur durchzuführen sei, kam von den Menschen.

Betrachten wir einen dritten Prozeß: den Prozeß der Umwandlung von Kernenergie in elektrische Energie in einem Atomreaktor. Die komplizierten Vorgänge, die beim Anlaufen, beim Betrieb und beim Abschalten eines Reaktors in der richtigen Reihenfolge ablaufen müssen, sind heute bekannt und steuerbar. Keines der vielen Details darf vernachlässigt werden, und auch

Abb. 41 Ein Atomreaktor; auch wenn der Computer unsichtbar bleibt, im Hintergrund sagt er voraus und prüft er nach. Allmählich wird der Computer zwischen den Physiker und seine Geräte treten

in einer Ausnahmesituation darf kein Handgriff vergessen werden, wenn man katastrophale Folgen vermeiden will. Der Mensch allein wäre dieser Aufgabe kaum gewachsen. Auch ein einzelner, noch so sorgfältig programmierter Rechner genügt hier nicht, denn der Ausfall dieser Maschine hätte den Zusammenbruch der gesamten Überwachung und Steuerung zur Folge. Man kann sich nicht leisten, einen Reaktor auch nur für einen Augenblick unbeaufsichtigt zu lassen. Aber man kann sich einen zweiten Computer leisten, der bei Ausfall des ersten automatisch die wichtigsten oder auch alle Aufgaben übernimmt. Dieser zweite Computer bildet auch eine wichtige Kapazitätsreserve. Wie wir schon im Beispiel mit dem Autofahrer gesehen haben, kann eine kleine zusätzliche Anforderung ein System derart überlasten, daß es zur Vernachlässigung einer wichtigen Einzelaufgabe und damit vielleicht zum Zusammenbruch des gesamten Ablaufes kommt.

Freiheit: Wahl zwischen Alternativen

Der Computer ersetzt den Menschen nicht. Der Computer ist vielmehr ein Werkzeug, das den Menschen in gewissen Eigenschaften übertrifft. Phantastische Maschinerien sind von Science-Fiction-Autoren aller Jahrhunderte immer wieder erfunden worden. Keinem kam allerdings die Idee, die Erfindung des Computers vorwegzunehmen. Und auch heute noch bleiben Computergeschichten hinter der Wirklichkeit zurück. Die tatsächliche Welt ist noch phantastischer als die Welt, die die Schriftsteller beschreiben.

Man darf bei soziologischen Überlegungen nicht von der Vorstellung ausgehen, daß eines Tages Roboter als künstlicher Menschenersatz, als eiserne Butler, Serviermädchen, Arbeitssklaven auftreten werden. Man braucht nicht zu befürchten, daß Menschen durch massengefertigte, stählerne Knechte brotlos werden. Wer das glaubt, ist Opfer eigener oder fremder Denkfehler. Auch die Erfindung der Schreibmaschine hat ja nicht dazu geführt, daß Schreiber ihre Arbeit verloren hätten, sie konnten diese nur sehr viel schneller verrichten, und seither wird überhaupt viel mehr geschrieben. Untersucht man die Auswirkungen des Einsatzes von Maschinen, so darf man eben nicht von der Annahme ausgehen, daß der Bedarf nach einem Gut konstant ist. Wird eine bisher mühsame Tätigkeit leichter durchführbar, dann wird ihre Ausübung sprunghaft ansteigen. Ganz genauso wird, seit es den Computer gibt, sehr viel mehr gerechnet als vorher. Die Umstellung auf das Leben mit dem Computer ist schwierig. Vor allem für ältere Menschen kann sie ein erhebliches Problem werden. Denn ein Stehenbleiben in seinem Beruf bedeutet sowohl für einen Arbeiter wie auch für einen Angestellten einen Rückschritt. Wegen der zentralen Bedeutung dieses Themas wollen wir nochmals darauf hinweisen, daß eine dauernde Schulung nicht nur für den Akademiker, sondern in allen Berufen vonnöten ist, um den Menschen von vornherein für möglichst viele zukünftige Entwicklungen auszurüsten. Der Computer ist für den Angestellten und für den Manager eine genauso große Herausforderung wie für den Arbeiter. Die Mobilität, die von uns gefordert wird, bringt jedoch andererseits eine bedeutende physische und geistige Freiheit mit sich.

All dies hat man schon oft gehört, und es klingt eher nach Gemeinplatz als nach handfester Aussage. Vielleicht aber kann eine effektvolle und doch hintergründige Zahlenspielerei eine Ahnung von den Weiten vermitteln, die der Computer eröffnet — und die das menschliche Gehirn mühelos übertrifft. Der Leser, dem unsere Operationen mit Zweier- und Zehnerpotenzen unverständlich bleiben, möge diesen Ausflug in den Größen-Wahn verzeihen und unverzagt weiterlesen. Die mathematischen Anschreibungen kann er einfach als von Schritt zu Schritt ungeheuerlich wachsende abstrakte Ungetüme ansehen; sie sind auch für den Mathematiker jenseits der Vorstellungskraft (er ist daran lediglich mehr gewöhnt).

Wir wollen die kombinatorische Mannigfaltigkeit von Schaltwerken und des menschlichen Gehirns abschätzen; die Zahlen sind beim Schaltwerk präzise, beim Gehirn hingegen ist weder die Ja-Nein-Logik angebracht, noch sind die Annahmen für die Zahl der Ein- und Ausgänge völlig unanfechtbar. Trotz aller Gewagtheit der Voraussetzungen aber gibt der Vergleich doch die rechte Ahnung von der Großartigkeit der Schöpfung in Technik und Natur.

Das Addierwerk als Sonderfall einer Gruppe von 10^{154} Schaltungen

Gehen wir von der Zahl der möglichen Funktionen einer bestimmten Anzahl von zweiwertigen Variablen aus. Unter einer Funktion der Schaltalgebra wird ein Zusammenhang verstanden, bei dem eingesetzte oder zugeführte Ja-Nein-Entscheidungen (Eingangsvariable) bestimmte resultierende Ja-Nein-Entscheidungen (Ausgangswerte oder eben die Funktion) ergeben. Die einfachste Art des Zusammenhangs ist die Funktion mit einem Ausgang. Wir können das anschaulicher folgendermaßen beschreiben (Abb. 42): Stellen

Sie sich ein Schaltwerk mit n Eingängen vor, an dem jeder Eingang zwei Zustände annehmen kann, also eine Ja-Nein-Entscheidung darstellt. Weil jeder Eingang einen Faktor 2 beiträgt, gibt es insgesamt 2^n verschiedene mögliche Eingangssituationen. Nimmt man nun an, daß dieses Schaltwerk einen einzigen Ausgang hat, dann kann jeder Eingangskombination eine Ja-Nein-Entscheidung am Ausgang zugeordnet sein; 2^n Eingangsmöglichkeiten führen daher zu $2^{(2^n)}$ verschiedenen Funktionen, die in ebensovielen, voneinander verschiedenen Kästen oder Schaltnetzwerken realisiert werden können. Diese Zahl sieht gar nicht so groß aus, und sie ist es bei kleinen Werten von n auch nicht. Nehmen wir 2 Eingänge an, dann existieren $2^2 = 4$ Eingangssituationen. Die Zahl der möglichen Kästen, also die Zahl der diesem Fall entsprechenden Grundfunktionen der logischen Algebra, ist $2^4 = 16$. Das ist eine sehr handliche, übersichtliche Zahl, und man kann sich diese 16 Grundfunktionen sogar merken.

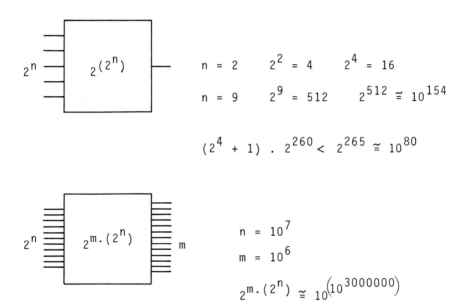

Abb. 42 Oben: Systematik der Schaltwerke. n Eingänge (reine Ja-Nein-Entscheidungen) ergeben 2^n Eingangssituationen und daher $2^{(2^n)}$ verschiedene Schaltwerke. 2 Eingänge ergeben nur 16 Schaltwerke (Grundfunktionen). 9 Eingänge aber führen zu mehr Schaltwerkmöglichkeiten (10^{154}) als die Schöpfung Teilchen hat (10^{80}). Unten: Analogüberlegung für das Gehirn — sehr viele Eingänge und sehr viele Ausgänge führen zu einer unvergleichlich größeren Zahl

Gehen wir aber nur einen kleinen Schritt weiter und wählen n = 9. Das ist insofern eine passende Wahl, als ein Addierwerk für dezimale Zahlen je vier Eingänge zur Darstellung jedes der beiden Summanden und einen weiteren für die Berücksichtigung eines Übertrags hat. Diesen 9 binären Eingängen entsprechen 2^9, also 512 Eingangssituationen eines solchen Schaltwerkes. Die Anzahl der möglichen Schaltungen von 9 Variablen ist 2^{512}, eine Zahl mit 154 Stellen. Derjenige Kasten, der als Addierwerk verwendet wird, ist einer von 10^{154}.

Eine Bestellung sämtlicher Schaltungen, die man durch die Kombination von 9 binären Schaltelementen bauen kann, ist völlig sinnlos. Es wären nämlich mehr Schaltelemente zur Herstellung notwendig, als der Kosmos Elektronen enthält! Wieviele Elektronen im Weltall vorhanden sind, ist übrigens einmal von dem britischen Physiker A. Eddington abgeschätzt worden. Dieser war sogar der Meinung, er könne diese Zahl ganz genau ermitteln und stellte dafür folgende Formel auf:

$$(2^4 + 1) \cdot 2^{259}$$

Die Zahl aller Teilchen ist doppelt so hoch — es gibt ebenso viele Protonen. Dies ändert die Zweierpotenz von 259 auf 260. Es würde zu weit führen, die kombinatorischen Überlegungen Eddingtons hier anzuführen, außerdem sind sie wohl vorläufig als mißlungen anzusehen. Bei der Ausrechnung von Eddingtons Formel erhält man eine Zahl, die nur um $1/16$ größer ist als 2^{263}. Eddington setzt sie als erschreckendes Ungetüm an den Beginn eines seiner Buchkapitel; sie hat bloß 80 und nicht 154 Stellen:

15 747 724 136 275 002 577 605 653 961 181 555 468 044 717 914 527 116 709 366 231 425 076 185 63 031 296

Die größte Zahl, die je betrachtet wurde

Die Zahl der Elektronen im Kosmos hat also bloß achtzig Stellen, während die Zahl der Verknüpfungen von 9 logischen Variablen 154 Stellen hat. Imponierend? Nein, noch nicht. Denn für die Abschätzung der möglichen Gehirne muß man eine große Zahl von Ausgängen annehmen, und daher bekommt man 2^n Eingangssituationen, aber m Ausgänge. Dadurch ändert sich die Formel für die Zahl verschiedener Schaltwerke auf

$$2^{m \cdot (2^n)}$$

Der Chemiker Bowman hat diese Formel auf einer Tagung im Jahre 1952 verwendet, um die Einzigartigkeit des Gehirnes abzuschätzen. Er ging von der Annahme aus, daß die Zahl der Eingänge $n = 10^7$ ist. Das entspricht den rund 10 Millionen Fibern in einer Nervenfaser, die das Auge mit dem Gehirn verbindet. Die Zahl der Ausgänge m hat er mit 1 Million angenommen. Setzen wir diese beiden Zahlen in die Formel ein, ergibt sich als Abschätzung der Zahl der möglichen Gehirne die ungeheure Zahl

$$2^{(10^6 \cdot 2^{(10^7)})}$$

Das dürfte die größte Zahl sein, die jemals außerhalb der reinen Mathematik für einen wissenschaftlichen Zweck betrachtet wurde. Sie übertrifft unsere Vorstellungskraft bei weitem. Vielleicht wird ihre Größe noch besser illustriert, wenn man die Zahl im Dezimalsystem anschreibt: $10^{(10^{3\,000\,000})}$. Eine Eins gefolgt von $10^{3\,000\,000}$ Nullen ergibt die Anzahl der Stellen, die diese ungeheure Zahl haben müßte.

Sowohl die Vielfalt und Komplexität der Systeme, die in unserer Welt auftreten, wie auch die Steuerung und Kontrolle der Vorgänge in Raum und Zeit sind zu den zentralen Fragen unseres Lebens geworden. Deshalb ist die Frage nach der Methodik, nach der richtigen, den Problemen entsprechenden Vorgangsweise, neu zu stellen und als die entscheidende Frage unserer Lebensstrategie zu erkennen. Damit kann das Tor in ein neues Zeitalter aufgetan werden.

Kapitel 7

Die Technik, ein vorwiegend menschliches Problem
(Mensch und Maschine)

Aus einem „Traktat über die Maschinen", erschienen 1869
Der Roboter ist eine Fehlkonstruktion
Die neue Maschine
Der Computer braucht Menschen
Am Ende des 20. Jahrhunderts wird Europa 3 Millionen Computerspezialisten haben
Die Forderung für die nächste Zukunft: Leichte Kommunikation zwischen Mensch und Computer
Präzision und Verständlichkeit als überbrückbarer Widerspruch

Aus einem „Traktat über die Maschinen", erschienen 1869

„In der Tatsache, daß die Maschinen gegenwärtig nur wenig Bewußtsein besitzen, liegt keine Gewähr gegen die schließliche Entwicklung eines mechanischen Bewußtseins. — Wenn eine Maschine imstande ist, andere systematisch zu erzeugen, dürfen wir sicherlich sagen, sie habe ein Fortpflanzungsvermögen. — Wenn geltend gemacht wird, die Tätigkeit der Kartoffel sei bloß chemisch und mechanisch und rühre von den chemischen und mechanischen Wirkungen des Lichtes und der Wärme her, scheint mir die beste Antwort darauf eine Untersuchung zu sein, ob nicht jede Empfindung in ihrem Vorgang chemischer und mechanischer Natur sei? — ... möchte ich wiederholen, daß ich keine der heute vorhandenen Maschinen fürchte. Was ich fürchte, ist die außerordentliche Schnelligkeit, mit der sie etwas ganz Anderes werden, als sie heute sind. — ... allem weiteren technischen Fortschritt sogleich ein Ende zu machen und alle technischen Erfindungen und Verbesserungen der letzten 300 Jahre zu vernichten."

Die vorangehenden Zitate stammen aus dem *Traktat über die Maschinen,* einer im Jahre 1869 geschriebenen Satire über die Abstammungslehre von Darwin von Samuel Butler. Wie hätten diese Stellen wohl gelautet, wenn Butler den Computer und die Informationsverarbeitung in ihren heutigen Formen gekannt hätte? Die Maschine ist in der Tat mit außerordentlicher Schnelligkeit zu etwas ganz Anderem geworden, als sie zu Butlers Zeiten war. Es ist der Computer, der diesen Wandel bewirkt hat, und die Automation, die Übernahme der Routinearbeit auch dann, wenn sie Denkarbeit ist oder mindestens als solche erscheint.

Der Computer verspricht uns die Abnahme der Routine in unerhörtem Ausmaß, und trotzdem sind auch heute die Stimmen nicht verstummt, die der Technik vorwerfen, sie würde die schöpferische Arbeit und die persönliche Initiative abtöten. Das ist ein Widerspruch. Wir wollen ihn uns ein wenig näher ansehen.

Ist der Computer ein *Spielzeug der Technik*? Ist er ein *gefährlicher Feind* des natürlichen Verhaltens und der menschlichen Reaktion? Nach allem, was wir ausgeführt haben und hier noch weiter ausführen werden, sollte kein Zweifel darüber bleiben, daß der Computer ein *Werkzeug* ist wie jedes andere auch, ein Werkzeug, das gewisse Kräfte des Menschen verstärkt und andere dabei vernachlässigt — ein Werkzeug, das die Führung des Menschen braucht. Seine Funktion hängt, wie aus der Programmierung ersichtlich wurde, von den Abläufen ab, die der Programmierer bis ins kleinste Detail vorausdenken muß.

Der Roboter ist eine Fehlkonstruktion

Der Computer ist also tatsächlich alles andere als ein Roboter. Der Ingenieur versucht erst gar nicht, den ganzen Menschen zu imitieren, er weiß viel zu genau, wie schwer das ist: der Roboter ist vielmehr eine Idee der Dichter und der Träumer, der Schriftsteller und der Künstler. Für den Ingenieur ist er eine Fehlkonstruktion. Zitieren wir Homer, der im 18. Gesang der Ilias den Hephaistos und seine Roboter beschreibt, die nicht nur arbeiten, sondern auch Kunstwerke hervorbringen:

„... und vom Amboß erhob sich das rußige Ungeheuer,
hinkend und mühsam strebten daher die schwächlichen Beine.
Abwärts legt er vom Feuer die Bälg und nahm die Gerätschaft,
alle Vollender der Kunst, und verschloß sie im silbernen Kasten;
wusch sich dann mit dem Schwamme die Hände beid' und das Antlitz,
auch den nervichten Hals und den haarumwachsenen Busen;
hüllte den Leibrock um und am mächtigen Stab aus der Türe
hinkte er hervor; auch stützten geschäftige Mägde den Herrscher,
goldene, Lebenden gleich, mit jugendlich reizender Bildung:
diese haben Verstand in der Brust und redende Stimme,
haben Kraft und lernten auch Kunstarbeit von den Göttern."

Das Wort Roboter ist übrigens im Zusammenhang mit Homer verwendet ein Anachronismus, denn es kam erst durch den tschechischen Schriftsteller Karel Čapek in die Weltliteratur und von dort in den Weltwortschatz, als dieser 1923 sein Drama *Rossums Universal Robots (R.U.R.)*, in der deutschen Fassung *Werstands Universal Robots (W.U.R.)*, geschrieben hatte und Übersetzungen in vielen Sprachen gemacht wurden. Es ist eigentlich das tschechische Wort für Arbeiter, das sich für die Gedanken des künstlichen Menschen als außerordentlich geeignet und beliebt erwies. Der Computer sieht nicht aus wie ein blecherner Knecht, und er ist nicht so beabsichtigt. Der Ingenieur zielt auf das Übertreffen der menschlichen Leistung durch seine Maschine ab, aber nur für einen Spezialzweck und nicht für die Allgemeinheit, wie sie der menschliche Körper besitzt und wie sie eigentlich schon im einfachen Lebewesen verwirklicht erscheint. Wenn es einem Ingenieur gelänge, einen künstlichen Hund zu bauen, wäre er damit nicht zufrieden, denn den Hund gibt es schon in vielen Varianten (und viel billiger als eine entsprechende Konstruktion). Der Ingenieur würde den künstlichen Hund mit einem Staubsauger kreuzen, um einen nützlichen Zweck zu erzielen. Der Roboter ist für ihn eine Fehlkonstruktion, eine falsche Zielsetzung.

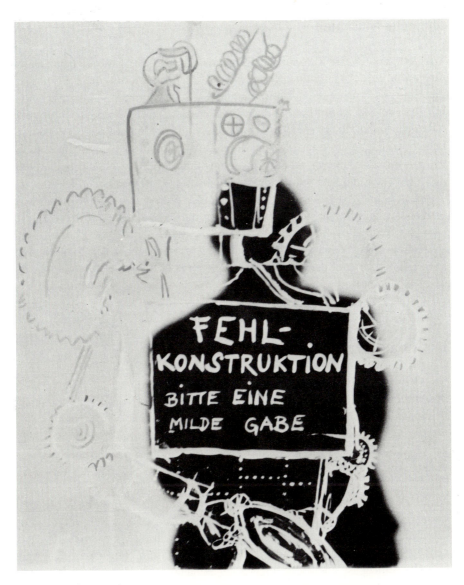

Abb. 43 Nicht nur, daß ein fehlkonstruierter Roboter höchstens von milden Gaben leben könnte — der Roboter als Idee ist für den Ingenieur eine Fehlkonstruktion. Man baut nicht um teures Geld ein Vorbild nach, das man um bescheidenen Lohn anstellen kann. Der Ingenieur will für die spezielle Aufgabe das übertreffende Werkzeug bauen; der Computer ist dafür ein Beispiel

Die neue Maschine

Was den Begriff der Maschine so gewandelt hat, ist das Einbeziehen der Information. In der klassischen Maschine geht es um Material und um Energie; das Ein- und Ausschalten, die Bedienung und die Lenkung — kurz alles, was mit Information zu tun hat, bleibt beim Menschen. Der Computer nimmt alle Routinearbeiten ab, er speichert Daten, verwandelt sie, kombiniert eben einlangende Signale mit alter Information und regelt damit die Abwicklung technischer Prozesse. Damit wird die Maschine autonom, und es wird begreiflich, daß es so aussieht, als würde sie den Menschen ersetzen. Hat man aber im vollen Ausmaß begriffen, daß der Computer Werkzeug ist und Werkzeug bleibt, dann wird man aus der Vermehrung des Werkzeuges auf die Vermehrung der Benützer schließen. Und in der Tat, der Computer ersetzt den Menschen in gewissen seiner Fähigkeiten, genau wie der Hebel den Menschen in seiner Fähigkeit als Lastheber ersetzt, zugleich aber braucht er ihn. Der Computer hat einen Bedarf an Menschen, der in sich selbst zum Problem wird.

Der Computer braucht Menschen

Man kann drei Hauptgruppen der Benützer unterscheiden:
zuerst diejenigen, die in der Methodik ihrer Arbeit den Computer gedanklich begreifen und ihn mit Bewußtsein verwenden;
die zweite Gruppe sind diejenigen Benutzer, die den Computer nur als Erzeuger oder Speicherer von Information verwenden, und nicht darüber nachzudenken brauchen, wie die Strukturen und Prozesse im Innern des Computers aussehen.
In Zukunft wird es schließlich auch noch eine dritte Gruppe geben, die Gruppe der öffentlichen Benützer, Computerkunden also, die ein öffentliches Computer-Netzwerk benützen, genau wie ein Telefon. Man wird eine Teilnehmerstation haben, ein Gerät, das eine Kombination von Schreibmaschine und Bildschirm ist, vielleicht auch noch mit einem Kopiergerät verbunden, das irgendwo in der Wohnung steht oder vielleicht in einem kleinen Informationsverarbeitungsbüro. Man wird Hunderte Vorgänge des täglichen Lebens von dieser Teilnehmerstation erledigen oder steuern lassen, Schulaufgaben, Steuererklärungen, Einkaufsbestellungen; alles nachschlagen, alles nachfragen, alles planen; alles wird unter Benützung des Computernetzwerkes erledigt werden, mit Programmen, die aus irgendeinem der großen Computer

Abb. 44 Die Werkstätte im Eton-College; ein gut gekleideter Mensch und eine schmutzige Maschine sind ein Widerspruch. Der Computer ist nicht nur selbst sauberer als ein Mensch, sondern er könnte die gesamte Technik säubern

des Netzwerkes bezogen werden. Natürlich wird man Teilnehmergebühren bezahlen wie bei einem Telefon, mit verschiedenen Gebührensätzen für die verschiedenen Dienste. Wird es für all dieses genügend Programmierer geben? Wieder kann uns eine kleine Geschichte helfen, die Zukunftsentwicklung abzuschätzen.

Bei den Bell-Laboratorien soll am Anfang dieses Jahrhunderts eine Untersuchung begonnen haben, weil die Direktionen der amerikanischen Telefongesellschaften beunruhigt waren über den Bedarf an Vermittlungsbeamten und -beamtinnen. Man begann, Trend-Kurven zu analysieren und kam schließlich zu einem völlig unmöglich erscheinenden Ergebnis: In den 70er-Jahren des 20. Jahrhunderts müßte die halbe amerikanische Bevölkerung den Beruf des Telefonvermittlers ausüben, wenn die Kurven so weiter gehen. Man hat sich sicherlich amüsiert über den offenbaren Unsinn dieser Aussage. Die Wahrheit ist, daß die Voraussage eintraf. Mit der Einführung der Automatisierung und der kontinentalen Durchwahl vermittelt sich jeder Teilnehmer selbst, vom Atlantik zum Pazifik und von Canada bis Mexico. Jeder Telefonteilnehmer wurde zum Vermittlungsbeamten, nicht die halbe, sondern die gesamte amerikanische Bevölkerung.

Am Ende des 20. Jahrhunderts wird Europa 3 Millionen Computerspezialisten haben

Im Folgenden wollen wir einige zukünftige Entwicklungen abschätzen. Dazu werden drei Voraussetzungen gemacht:
1. Es wird angenommen, daß auf lange Sicht alle Länder, die über die Anfangsperiode der Computerisierung hinausgekommen sind, die Computerdichte erreichen, die jetzt in den USA bereits vorliegt, nämlich 300 Computer auf 1 Million Einwohner.
2. Im Durchschnitt werden für jeden Computer 4 Akademiker und 12 Nichtakademiker angestellt werden. Das ist eine vorsichtige Schätzung, insbesonders wenn man auch an die Lieferung und den Service denkt.
3. Die Wachstumsrate für die Zahl der Computer wird mit 30% angenommen, und das bedeutet, daß sich die Zahl der Computer nach der Anfangsperiode alle 3 Jahre verdoppelt.

Diese Annahmen sind natürlich mit einem gewissen Risiko verbunden, aber sie werden sich sicherlich nicht als sehr falsch erweisen, wenn nicht katastrophale Verhältnisse eintreten. Setzt man alle Werte in eine kleine Rechnung ein, dann erhält man die folgende Tabelle:

Gebiet	Österreich	Bundesrepublik	Europa
Dichte erreicht im Jahre	1976	1975	1995
Zahl der Computer	2 100	18 000	180 000
Zahl der Akademiker	8 000	70 000	700 000
Zahl der Nichtakademiker	24 000	210 000	2 100 000

Obwohl diese Ziffern für die Zukunft gelten und selbst wenn sie ein wenig zu hoch gegriffen wären, markieren sie doch ein Erziehungsproblem von beträchtlicher Größe. Wo werden diese Fachleute ausgebildet werden und wo wird man die Lehrer hernehmen? Über das Schul- und Universitätsproblem sind viele Diskussionen im Gang. Für den Computer kann die Erziehung zum wichtigsten Begrenzungsfaktor werden — und das würde wirtschaftliche Folgen haben, die nicht abzusehen sind.

Die Forderung für die nächste Zukunft: Leichte Kommunikation zwischen Mensch und Computer

Lassen wir aber die Fragen der Erziehung und der Wirtschaft beiseite, so bleibt auch noch eine technische Problematik, die für die Breitenentwicklung der Informationsverarbeitung nicht weniger wichtig ist. Die Zusammenarbeit zwischen Mensch und Maschine muß erleichtert werden, und dazu braucht es die einfache Kommunikation zwischen Benützer und Computer.

Schon lange hat man das einfache Knöpfedrücken der Pionierzeit verlassen müssen — der Nachrichtenverkehr in den und aus dem Computer ist viel zu dicht geworden. Und damit kommt man ohne sprachliche Mittel nicht mehr durch. Dies wieder bedeutet die Aktualisierung eines alten Gegensatzes, des Kampfes zwischen natürlichen und künstlichen Sprachen.

Es ist nicht einzusehen, warum die natürliche Sprache, dieses wunderbarste aller menschlichen Werkzeuge, mit dem man alles sagen und beschreiben, befehlen und fragen kann, überhaupt durch ein künstliches System ersetzt werden soll, das man erst lernen muß und dessen konstruierte Formen nicht jedermanns Sache sind. Kurz gefragt: warum programmiert man den Computer nicht in Deutsch oder Englisch? Dann hört doch das Kopfzerbrechen mit der Kommunikation auf!

Für die Beantwortung dieser beiden Fragen machen wir wieder einen Umweg. Ein kybernetisches Modell soll uns beim Verständnis helfen. Der russische Physiologe Pawlow zeigte mit seinen Versuchen an Hunden, daß gewisse Verbindungsmechanismen im Nervennetzwerk nicht nur vorhanden sind, sondern auch lebenswichtige Funktionen ausüben. Einen der einfacheren Versuche dieser Art beschrieb Pawlow in einer Form, die einem Algorithmus sehr ähnelt. Es war für den britischen Neurologen W. G. Walter daher nicht allzu schwierig, 1950 eine elektrische Schaltung zu bauen, die diesen Algorithmus realisiert. Und weil das Gerät aussieht und sich bewegt wie eine Schildkröte, wurde es unter dem Namen *künstliche Schildkröte* berühmt. Pawlows Hundeversuch sei ganz knapp geschildert: wenn ein Hund Futter sieht, läuft ihm das Wasser im Mund zusammen — das ist ein unbedingter Reflex (und man kann seinen Effekt messen). Läutet man nun mehrere Male

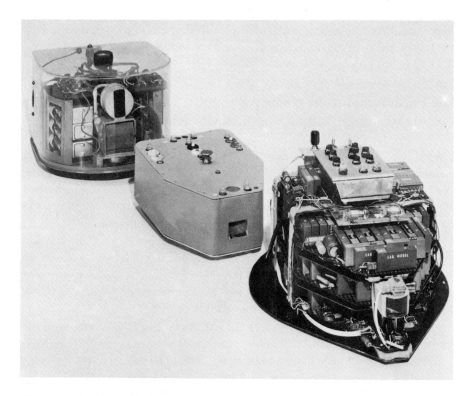

Abb. 45 Drei verschiedene Wiener Ausführungen der „künstlichen Schildkröte", des Automaten für die Darstellung des Bedingten-Reflex-Verhaltens (1954—1960 —1966). Wenn eine Ähnlichkeit mit einer Schildkröte besteht, dann nur äußerlich. Es geht um Algorithmen, die typisches Verhalten beschreiben. Und es kommt auf die Erkenntnis des Algorithmus an und nicht auf das Gerät

mit einer Glocke, wenn man ihm das Futter zeigt, so baut der Hund einen bedingten Reflex auf. Das Wasser rinnt ihm bald auch dann ins Maul, wenn man nur die Glocke läutet, aber kein Futter zeigt. Der Hund hat gelernt, daß die Glocke Futter bedeutet (und baut eine Hemmung auf, wenn er hinsichtlich des Futters allzu oft enttäuscht wird). Walters Modell kombinierte Lichteindruck und Ton nach dem gleichen Schema (ohne die Hemmung einzubeziehen).

Vor 10 Jahren entwickelten wir an der Wiener Technischen Hochschule ein erweitertes Modell; es sollte das Gesamtprinzip des Bedingten-Reflex-Verhaltens abbilden, insbesondere auch die Verknüpfung bedingter Reflexe und unter Einbeziehung von Hemmung, Schock und Wachschlafverhalten. Dabei stießen wir auf die Spannung zwischen natürlicher und künstlicher Sprache. Die Mediziner und Verhaltensforscher, die sich mit den bedingten Reflexen beschäftigen, verwenden für ihre Darstellungen die natürliche Sprache, Deutsch oder Englisch, während die Konstruktion des Modells als Übersetzung in eine der konstruktiven Sprachen des Ingenieurs verstanden werden kann. Die natürliche Sprache ist schöpferisch und universell, aber sie ist nicht sehr genau, sie ist häufig unvollständig, und sie macht nicht alle Widersprüche sichtbar, die sie enthält. Es hat nächtelange Diskussionen gegeben, bevor ein genaues und widerspruchsfreies Modell für das bedingte Reflexverhalten auf dem Papier stand.

Präzision und Verständlichkeit als überbrückbarer Widerspruch

Künstliche Sprachen, wie z. B. die Algebra, sind weniger schöpferisch, weil die in ihnen vorkommenden Begriffe außerordentlich scharf definiert sind. Die rasche und erfolgreiche Entwicklung von Physik und Technik beruht vor allem auf der Verwendung konstruierter Sprachen, weil nur in ihnen der nächste Schritt in einem Ablauf in verläßlicher Weise auf dem vorherigen Schritt aufgebaut werden kann. Die Informationsverarbeitung verwendet selbstverständlich auch konstruierte Sprachen, und zwar nicht nur für die Formulierung der Programme, sondern auch für die Beschreibung der Datenverarbeitungsanlagen, auf denen die Programme ablaufen.

Gerade weil der Computer ein mechanisches Instrument ist, verlangt er Präzision bei seiner Benützung. Der Verkehr mit dem Computer in natürlicher Sprache gewährleistet nicht die richtige Funktion. Man braucht sich nur vorzustellen, wie sich Kunden am Schalter ausdrücken, um die ganze Diskrepanz zwischen natürlicher Ausdrucksweise und Rechenmaschinenpräzision zu ermessen. Nur weil der Beamte hinter dem Schalter schon ahnt, was der Kunde will, nimmt er den Sinn des Gesagten auf, dessen Wortlaut oft etwas ganz anderes, ja das Gegenteil bedeuten würde.

In der Informationsverarbeitung stellt sich dieses gleiche Problem ein zweites Mal auf einer höheren Ebene, nämlich dann, wenn man Programmierungssprachen beschreiben, wenn man also über die Sprache sprechen muß. Auch hier ist die Präzision natürlicher Sprache nicht ausreichend. Über eine formale Programmierungssprache sollte man nur in einer formalen Sprache reden. In der Praxis heißt das, daß Programmierungssprachen formal definiert werden müssen. Nicht nur ihre Grammatik muß in logischen Ausdrücken festgehalten werden, sondern auch die Bedeutung, die mit beliebigen Programmtexten verknüpft ist, soll und kann mit logischen Mitteln festgelegt werden. Zwischen 1965 und 1970 wurde diese Aufgabe im Wiener IBM Laboratorium für die Programmierungssprache PL/I ausgeführt.

Die Grammatik läßt sich leichter erfassen. Man geht nach einem schon etwa 20 Jahre alten Verfahren vor; ein Satz von Produktionsregeln definiert alles, was in der formalen Sprache ein korrekter, ein wohlgeformter Satz ist. Die Aufstellung dieser Produktionsregeln für PL/I war relativ bald erledigt; es wurde nur durch ein verbessertes Verfahren die Anzahl der Regeln von 523 auf 169 reduziert. Die Definition der Bedeutung ist wesentlich schwieriger gewesen. Wir gingen von einem Begriff aus, der sich in der Mathematik schon seit über 100 Jahren bestens bewährt hat: vom Begriff der Berechnung. Die Berechnung wird auf eine — meist bloß gedachte — Maschine zurückgeführt, die durch ihre inneren Zustände definiert ist und durch die Regeln des Übergangs von einem Zustand zum anderen. Für den speziellen Zweck war also eine abstrakte Maschine zu entwerfen, in die der PL/I-Text des Programms und die Daten, die das Programm verarbeiten soll, eingefüllt werden. Der Anfangszustand der abstrakten Maschine schließt diese Angaben dann mit ein. Und nun wird in Abhängigkeit von Daten, Programm und augenblicklichem Zustand der fiktiven Maschine durch die Übergangsformel ihr nächster Zustand bestimmt. Und die Folge der Zustände erlaubt es, die Bedeutung des Programms zu erkennen — eine nicht gerade einfache Vorgangsweise, aber die einzige bekannte, um die Aufgabe zu lösen. Die gesamte Dokumentation der Formalen Definition ist ein Dokument von 1 200 Seiten. Sie sind angefüllt mit logischen Formeln, die nicht selten über mehrere Seiten hinweggehen, so ziemlich das Mühsamste an Text, das man sich vorstellen kann.

Das hat zu einer weiteren Nebenbedingung geführt: das Dokument sollte vom Computer gedruckt werden, damit der Druckfehlerteufel, der bei logischen Texten besonders leichtes Spiel hat, nicht jedesmal neu Unfug treiben kann. Wenn man Texte einmal im Computer gespeichert hat, kann man sie ganz oder im Auszug auf neue Weise drucken, mit anderem Seitenformat oder mit Einschüben und Streichungen. Die Voraussetzung ist freilich, daß man ein geeignetes Druckprogramm hat. Nun, für Prosatexte gibt es ein solches Programm für das System /360, und wir konnten es einfach übernehmen. Für die logischen Formeln aber ist das nicht so einfach. Wenn man sie nicht so ausdruckt, daß ihre Struktur erkennbar bleibt, werden sie praktisch unleserlich. Wir entwarfen also einen Formeldruck-Algorithmus, der Text, Grammatik der Beschreibungssprache und Lay-out berücksichtigt und auf automatische Weise für die richtige Anordnung der Formeln sorgt.

Die Entwicklung der Formalen Definition gehörte zu den fortgeschrittensten Arbeiten der letzten Jahre auf dem Gebiet der Höheren Programmierung. Es darf versichert werden, daß niemand, der an solchen Problemen arbeitet, das Gefühl hat, von der Maschine ersetzt oder verdrängt zu werden, ihr ausgeliefert zu sein oder sie nicht fest in der Hand zu haben. Dazu ist die gedankliche Arbeit den Maschinenläufen zu weit voraus; lange, ehe ein Gedanke als Programm realisiert und der Benützung zugeführt ist, hat der Geist weitere Schritte vollzogen. Man fühlt sich dem Mechanismus stets überlegen. Offenbar sind es eher die Leute, die nicht viel mit Maschinen arbeiten oder nur mit trivialen Problemen, denen arge Bedenken kommen. Wer sein Handwerk versteht, beherrscht sein Werkzeug — auch den Computer.

Kapitel 8

Kunst aus der Maschine (Computerkunst)

Komprimierte Geschichte der automatischen Kunst
Kunstfertige Automaten als Traum und als Wirklichkeit
Die klassische Notenschrift: eine fast formale Programmierungssprache
Klassiker komponieren für Automaten
Der Zufall als Hilfsmittel der Kunst
Das Componium, die Komponiermaschine aus dem Jahre 1821
Klang aus der Schaltung: Elektronische Musik
Komposition mit Algorithmen
Prozeßsteuerung in der Kunst
Kunst und Computer
Zufall und rationale Ästhetik
Computergraphik
Programmierte Filme
Zwölftonmusik erzeugt eine Graphik

Komprimierte Geschichte der automatischen Kunst

1660	Kircher beschreibt eine Komponiermaschine
1738	Vaucanson entzückt Paris mit zwei Musikautomaten
1739	Euler schreibt eine Theorie der Musik
1757	Kirnberger beschreibt das erste algorithmische Komponierverfahren mit Würfeln als Zufallsgenerator
1772	Haydn schreibt Stücke für die Flötenuhr
1774	Jaquet-Droz baut einen Zeichner
1790	Mozart schreibt Stücke für die Flötenuhr
1792	Beethoven schreibt Stücke für die Flötenuhr
1793	Mozarts Anleitung zum *Componiren von Walzern vermittelst zweier Würfel* erscheint
1805	Mälzel erbaut das erste Panharmonium
1813	Beethoven schreibt *Wellingtons Sieg*, eine stereophonische Komposition für zwei Automaten
1814	Winkel erfindet das erste brauchbare Metronom
1815	Mälzel stiehlt ihm diese Erfindung
1821	Winkel baut als Vergeltung die Komponiermaschine *Componium* mit einem mechanischen Zufallsgenerator
1903	Der Reproduktionsflügel Welte-Mignon wird patentiert
1928	Trautwein erfindet das Trautonium
1948	Die *musique concrète* beginnt
1953	Das Kölner Studio für elektronische Musik wird eröffnet
1955	Der RCA Synthesizer wird vorgestellt
1956	Hiller komponiert mit Hilfe des Computers ILLIAC die Illiac Suite
1957	Badings komponiert in den Philips Laboratorien
1963	Computer-produzierte Filme; Nake beginnt in Stuttgart mit Computer-Graphiken
1968	Ausstellung *Serendipity* in London
1969	Ausstellung *Computer-Kunst — Graphik, Plastik, Film, Musik* in Hannover

Kunstfertige Automaten als Traum und als Wirklichkeit

Automaten sind fast so alt wie die Technik und daher fast so alt wie die Menschheit selbst. Und schon seit altersher liegt die Trennungslinie zwischen Traum und Können nicht immer fest. Die Dichter und Schriftsteller eilen der Wirklichkeit des Ingenieurs voraus, meist sogar viel zu weit — von Homer über Čapek bis zur Science Fiction.

Die klassische Notenschrift: eine fast formale Programmierungssprache

Am engsten verbunden von allen Gebieten der Kunst mit dem Automaten ist die Musik. Die klassische Notenschrift ist eine fast formale Programmierungssprache, mit deren Hilfe der Solist und das Orchester vom Komponisten für das Hervorbringen eines Musikstückes programmiert werden. Wer diese Sprache beherrscht, vermag ein Stück, das er noch nie gehört hat, vom Blatt zu singen oder zu spielen. Und doch kommt nicht immer das gleiche heraus — nur ein Teil des musikalischen Kunstwerks ist in der Notenschrift eingefangen, der andere muß schöpferisch ergänzt werden.

Viele verschiedene Aspekte setzen sich bei der Realisierung einer Symphonie aus der Partitur zu einem komplizierten Informationsfluß zusammen. Von der Auffassung des Dirigenten bis zur Qualität der Musikinstrumente, von der Stimmung der Musiker bis zu ihrer Erziehung im Rahmen einer gemeinsamen musikgeschichtlichen Umgebung macht ein weites Spektrum von Zutaten die Einmaligkeit der Ausführung aus. Die Elektronik und der Computer haben auf der einen Seite die Zahl der technischen Möglichkeiten unendlich erweitert; unwahrscheinliche, ja unmögliche Klänge — Klänge von Instrumenten, die es mechanisch nicht geben kann — stehen den Interpreten und dem Komponisten zur Verfügung. Zugleich erlauben Schallplatte und Tonband beliebig viele Reproduktionen, die immer weniger vom Original unterscheidbar werden und bei denen Störeinflüsse manchmal besser ausgeschaltet werden können als beim Original, denn zum Unterschied vom Konzertsaal oder dem Opernhaus kann das Studio beliebig ruhig gehalten werden. Mehr als 90 % der heute gehörten Musik kommen aus einem Lautsprecher.

Andere Kunstformen sind nicht so leicht reproduzierbar. Aber es ist eine Frage der Zeit, wann sie folgen werden, wann alle Kunstformen von der

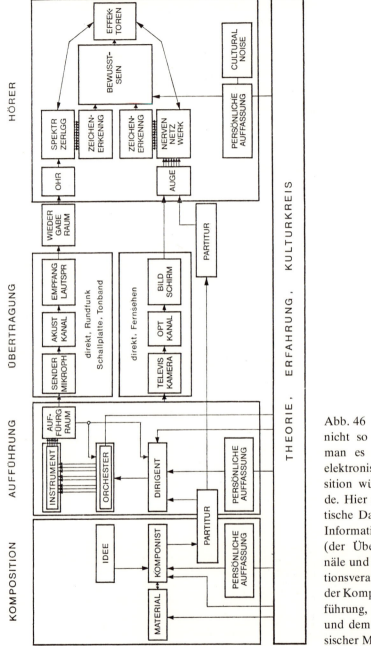

Abb. 46 Musik ist nicht so einfach, wie man es sich für die elektronische Komposition wünschen würde. Hier eine schematische Darstellung des Informationsflusses (der Übertragungskanäle und der Informationsverarbeitung) bei der Komposition, Aufführung, Übertragung und dem Genuß klassischer Musik

Elektronik und mittels des Computers gestaltet und reproduziert werden. Es ist müßig, darüber zu klagen. Besser versucht man, die Vorteile des neuen Kunstuniversums zu erkennen und auszunützen. Und natürlich ersetzt das Werkzeug Computer den Menschen in der Kunst ebensowenig wie anderswo, es eröffnet nur neue Dimensionen.

Klassiker komponieren für Automaten

Die klassischen Komponisten haben sich keineswegs gescheut, für Automaten zu komponieren. Händel, Haydn, Salieri, Cherubini, Mozart und Beethoven haben für Flötenuhren geschrieben und insbesondere Beethoven liebte es, Musikautomaten zuzuhören. Aus der Jukebox von damals, der Spieluhr oder dem Orgelwerk, kamen nicht selten seine eigenen Kompositionen. So spielte ein Orgelwerk um 1825 im Gasthaus *Zum süßen Löchl* auf dem Lichtensteg in Wien die Ouverture zu den *Geschöpfen des Prometheus*. Und in der Restauration *Zum goldenen Strauß* setzte sich der ertaubende Beethoven ganz knapp neben ein Orgelwerk, um sein Lieblingsstück zu hören, die Ouverture zu *Medea* von Cherubini.

Beethoven hat selbst einen Höhepunkt der Automatenmusik geschaffen. Allerdings ist seine stereophonische Komposition für zwei Automaten niemals von solchen aufgeführt worden. Vielmehr schrieb Beethoven *Wellingtons Sieg* rasch für zwei Orchester um, und die Uraufführung am 8. Dezember 1813 im Saal der Alten Universität in Wien (zusammen mit der 7. Symphonie und unter Mitwirkung von Spohr und Moscheles) war ein solcher Erfolg, daß es am 12. Dezember wiederholt wurde. Die Einnahmen beider Konzerte, mehr als 4000 Gulden, wurden dem *Hohen Kriegs-Praesidio* für die verwundeten österreichischen und bayrischen Soldaten übergeben. Weitere Aufführungen fanden am 27. Februar, 29. November und 25. Dezember 1814 statt. Das Programm dieser Programm-Musik stammt von dem in Regensburg geborenen Mechaniker Johann Nepomuk Mälzel, der dem Komponisten als Gegenleistung ein verbessertes Hörrohr versprochen hatte.

Schon im Frühling 1812, bei einem Abschiedsabendessen, ehe Beethoven nach Linz und Mälzel nach London verreisten, hatte der Komponist den Mechaniker mit einem Kanon verspottet, den die ganze Runde sofort begeistert sang:

      Ta — ta — ta, ... lieber, lieber Mälzel,
      ta — ta — ta, ... großer, großer Metronom!

Das Thema erscheint im zweiten Satz der 8. Symphonie wieder. Mälzel muß sich also schon vor 1812 mit dem Metronom beschäftigt haben und nicht ohne Erfolg; denn „Salieri, Beethoven, Weigl und andere musikalische Notabilitäten", schreibt Anton Schindler, „hatten eine öffentliche Erklärung über die Nützlichkeit der von diesem Mechaniker erfundenen Tact-Maschine abgegeben." Aber wahrscheinlich war es ihm immer noch nicht viel besser ergangen als den vielen Vorgängern: entweder war die Ausführung sehr teuer oder das Gerät taugte nicht viel. Wenn man diese psychologische Situation Mälzels vor Augen hat, wird die folgende Geschichte etwas verständlicher und vielleicht auch etwas verzeihlicher.

Als Mälzel im Jahre 1815 mit seiner Automatenschaustellung in Amsterdam gastierte, lud ihn der dort lebende, aus Westfalen stammende Mechaniker Diederich Nikolaus Winkel ein, sich etwas anzusehen: eine billige und brauchbare Konstruktion eines Metronoms. Mälzel erkannte sofort den Wert dieser Erfindung, besorgte ein Patent für sich und begann in Paris und in Wien Winkels Erfindung als Mälzels Metronom herzustellen. Als Winkel, ein wenig reklametüchtiger Mann, den vollen Umfang von Mälzels Diebstahl zu ermessen begann, versuchte er, sich zur Wehr zu setzen. Aber obwohl ihm ein Schiedsgericht die gesamte Konstruktion mit Ausnahme der Skala eindeutig zusprach und Mälzel eine sinngemäße Erklärung unterzeichnete, gab es kein Rechtsmittel, um die Produktion zu verhindern. So gilt das Metronom bis heute als die Erfindung von Mälzel. Winkel beschloß, seinen Widersacher auf dessen ureigenstem Gebiet zu schlagen, auf dem der automatischen Orgelwerke. Zwar übertraf er nicht die 259 Instrumente, die Mälzels Panharmonium in sich vereinigte, aber Winkels Componium konnte dafür mehr als reproduzieren: es komponiert mit Hilfe eines Zufallsgenerators.

Der Zufall als Hilfsmittel der Kunst

Vorgeschlagen hatte den Zufall als Kompositionsmittel schon eine ganze Reihe von Leuten. So zeichnet der Jesuitenpater Athanasius Kircher 1660 eine Komponierbox, genannt *Arca Musarithmica*, bei der man Stäbchen zufällig einstellen muß, um Töne, Takt und Rhythmus für vier Stimmen abzulesen. William Hayes hatte 1751 in einem satirischen Buch den Vorschlag gemacht, mittels einer Art Zahnbürste Tintenpunkte über Notenpapier zu spritzen, deren Ergänzung zu einem vollständigen Notenbild ein Werk der Minute ist. 1757 schreibt der Berliner Musiktheoretiker Johann Philip Kirnberger einen *Allzeit fertigen Polonaisen- und Menuettenkomponisten,* der erstmalig als Zufallsgeneratoren Würfel für die automatische Komposition vorschlägt. Auf der gleichen Methode beruht die *Anleitung zum Componiren von Walzern,* die kurz nach dem Tode Mozarts unter seinem Namen erschien und von einer ganzen Reihe von Verlegern nachgedruckt wurde. Bei dem damaligen Mangel an Schutz für Autoren könnte man bezweifeln, ob Mozart tatsächlich der Verfasser war, aber es gibt einige Hinweise, welche seine Autorschaft wahrscheinlich machen.

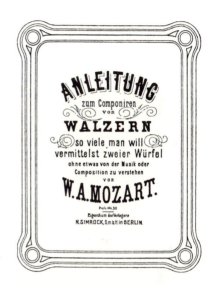

Abb. 47 Die Komposition mit Hilfe des Zufalls war schon im 18. Jahrhundert in Mode. Namhafte Theoretiker haben sich damit befaßt

Ausgewürfelter Walzer nach einer Anleitung von Wolfgang Amadeus Mozart

Das Componium, die Komponiermaschine aus dem Jahre 1821

Im Componium aber vereinigte Winkel 1821 die automatische Komposition, den ersten technischen Zufallsgenerator und die Wiedergabe der Komposition auf einem trommelgesteuerten Orgelwerk. Natürlich handelt es sich nur um eine Komposition im eingeschränkten Sinn — es wird ein Zufallsweg in Abschnitten von zwei Takten durch acht Varianten einer stiftgespeicherten menschlichen Komposition gesucht.

Der verwendete erste technische Zufallsgenerator ist ein sinnreicher Mechanismus, den Winkel schon vorher für den Entwurf von Textilmustern verwendet hatte. Leider ist von diesem Vorläufer der Computergraphik keine genauere Beschreibung auffindbar. Im Componium wird alle zwei Takte ein Rad gestartet und gebremst (Abb. 49). Je nachdem, wie es beim Bremsvorgang stehen bleibt, wird eine Entscheidung getroffen, und ein Abfühlhebel setzt diese Entscheidung in die Entscheidung *Trommel weiterschieben* oder *Trommel nicht weiterschieben* um — im Prinzip der typische *bedingte Befehl* des heutigen Computers, bedingt hier vom Zufallsgenerator.

Das Componium hat nun nicht nur eine Steuertrommel, sondern deren zwei; je zwei Takte sind auf der einen und die folgenden zwei Takte auf der anderen Trommel. Während die beiden Takte der einen Trommel abgespielt werden, kann der Zufallsgenerator auf die andere wirken und sie in die nächste Variante des Stücks hinüberschieben oder nicht. Ein Stufenrad sorgt dafür, daß diese Verschiebung exakt ausgeführt wird und daß alle Varianten von 1 bis 8 und zurück von 8 bis 1 ihre Chance bekommen. Die Prüfungskommission des Institut de France in Paris, welcher der Physiker Biot und der Komponist Catel angehörten, war voll Bewunderung und rechnete aus, wieviele Millionen Jahre die Ausführung aller möglichen Kombinationen dauern würde.

Winkels Hoffnung, Mälzel zu schlagen, erfüllt sich nicht. Seine Geschäftstüchtigkeit reichte eben nicht an jene Mälzels heran, und nach dem ersten Eindruck wird das Componium langweilig. So wurde die Pariser Reise zwar ein wissenschaftlicher Erfolg, aber ein finanzielles Debakel. Winkel starb vergrämt und krank 1826 in Amsterdam. Heute steht das Componium in der Musikinstrumentensammlung des Königlichen Konservatoriums in Brüssel, von Herrn Krcal aus Wien repariert und ein Glanzstück des Museums.

Abb. 48   Das Componium, die von Winkel im Jahre 1821 gebaute Komponiermaschine, ein Orgelwerk mit einem Zufallsgenerator, der einen Weg durch 8 Varianten steuert

Abb. 49 Der Zufallsgenerator des Componiums: ein ausgeschnittenes Rad, das alle zwei Takte losläuft, gebremst wird und stehen bleibt. Der Fühler gibt die zufällige Ja-Nein-Entscheidung „voll" oder „ausgenommen" an die Trommel weiter. Sie wird weitergeschoben oder nicht

Das 18. und 19. Jahrhundert brachten unzählige Musikautomaten hervor, von den Vogeluhren bis zu den luxuriösesten Spieldosen, und bis heute gibt es keinen Andenkenladen höheren Ehrgeizes, der nicht Vogelautomaten oder spieldosenunterstützte Zigarettenspender anbieten würde. Es gibt sogar eine in Whisky versenkte Balletteuse, die sich stets zu einer Spieluhr dreht, wenn man die Flasche hochhebt.

Klang aus der Schaltung: Elektronische Musik

Die Elektronik brachte zunächst eine Ausweitung der Klangwelt. Kaum war der Multivibrator erfunden — eine Röhrenschaltung, die eine Folge von Spannungsrechtecken bestimmter Tonhöhe mit allen Oberwellen hervorbringt —, als man auch schon seine Eignung zum Musikinstrument erkannte. Passende Filter erlauben die Klangbeeinflussung und die Imitation von Vokalen und von Musikinstrumenten, aber auch die Erzeugung von bisher nicht vorgekommenen Gemischen. Das Trautonium war die Handelsausführung einer Konstruktion des Berliner Postrats und Organisten Friedrich Trautwein, und Oskar Sala hat Anwendung und Flexibilität des Trautoniums erheblich erweitert. Die elektronische Orgel ist mittlerweile zu einem verbreiteten Musikinstrument geworden, und zahlreiche Filmmusiken sind elektronischen Ursprungs.

Ein neues Verhältnis zwischen Komponisten und Elektronik beginnt sich einzuspielen; es sind Kenntnisse der elektronischen Schaltkreise und Geräte erforderlich — manche Komponisten sind folgerichtig Diplomingenieure geworden — und eine teure Ausrüstung. Demgemäß gibt es die bedeutendsten Entwicklungen in gut dotierten Studios. Ein erstes Beispiel dafür war das 1953 gegründete Kölner Studio des Westdeutschen Rundfunks, ein anderes schufen die Philips Laboratorien. Stockhausen, Boulez und Badings sind einige der Komponisten, die dort arbeiten. Man kann nicht alles aufzählen; in Europa wären Paris mit seiner *musique concrète* zu nennen, Mailand, München, Warschau und Rom. Heute hat Amerika die Führung übernommen, und nicht nur die weit bekannten Universitätsstudios von Illinois (Prof. Hiller), Columbia/New York (Prof. Ussachevsky) und Princeton (Prof. Babbit), sondern auch viele andere Stellen leisten intensive Arbeit und dokumentieren sie mit zahlreichen Schallplatten.

Der Computer kann nicht nur die elektronische Schaltung ersetzen, welche Klänge erzeugt, sondern er kann auch für das Komponieren benutzt werden. Wie üblich hat man es zuerst mit speziellen Geräten versucht, und der sogenannte Synthesizer (Klangaufbauer) der Radio Corporation of Amerika war ein beeindruckender Schritt, ein Geburtstagsgeschenk für den damaligen Präsidenten der RCA, General Sarnoff. Es handelt sich um eine elektroakustische Universalanlage, bei der man ein Stück oder eine Partitur in einen sehr breiten Lochstreifen programmiert, und das Gerät macht aus dem Lochband die entsprechenden Schwingungen, die aus einem Lautsprecher hörbar werden. Die erste öffentliche Vorführung des Synthesizers fand 1955 statt. Zehn Jahre später hat der *Moog-Synthesizer*, ein eher instrumentenartiges, mit Klaviertasten versehenes Gerät prinzipiell gleicher Art mit großem Klangreichtum, ungeheuren Erfolg. Die Schallplatte *Switched-on-Bach* (Einschalt-Bach) wurde zum Bestseller.

Die Bell-Laboratorien haben umfangreiche und komplizierte Computerprogramme geschaffen, welche Instrumententöne speichern und es mit Hilfe einer speziellen Programmierungssprache gestatten, diese Töne zu Melodien und Kompositionen zusammenzusetzen.

Komposition mit Algorithmen

Es war offenbar der Altmeister der Informationstheorie und Automatenscherze, Claude Shannon, der zum ersten Mal den Computer zum Komponieren heranzog. Er sammelte Cowboy-Songs, hielt ihre statistischen Eigenschaften fest und erzeugte auf dieser Grundlage neue Cowboy-Songs — schon Anfang der Fünfziger Jahre. Weitere Untersuchungen in dieser Linie ergaben die bemerkenswerte Einsicht, daß es bei der statistischen Produktion ein Optimum gibt zwischen zu kleinen Stücken der Analyse, bei denen der Charakter der Musik verloren geht, und zu großen Stücken als statistische Elemente, weil dann die Neuschöpfung fast eine Zitatensammlung wird. Vielschichtigere Verfahren sind erforderlich.

Der bedeutendste Pionier der Computer-Komposition ist Lejaren A. Hiller, jr., der Leiter des Laboratoriums für elektronische Musik der Universität von Illinois in Urbana. Zusammen mit dem Mathematiker Leonard M. Isaacson schrieb er ab 1955 Programme für den Illiac-Computer, die das Komponieren mit einem Algorithmus erlauben, der gewisse Strukturen und den Zufall benutzt, um Tonfolgen zu erzeugen. Diese werden dann noch nach verschiedenen Gesichtspunkten gesiebt, kombiniert und schließlich ausgedruckt. Die in der Ausgabe erscheinenden Zahlen werden von Menschenhand in musikalische Notation übertragen und von menschlichen Musikern gespielt. Ende 1956 war nach dieser Methode die *Illiac Suite* fertiggestellt, ein Markstein in der Geschichte der Computerkomposition. Sein letztes Werk, 1967 bis 1969 in Zusammenarbeit mit John Cage entstanden, führt den sonderlichen Namen HPSCHD, was sich aber nur als „computerische" Abkürzung von Harpsichord (Cembalo) erweist. Dieses Werk besteht eigentlich aus 51 elektronischen Klangbändern und 7 Cembalo Soli, alle etwas länger als 20 Minuten und frei kombinierbar. Und weil diese Kombination nur mit vielen Bandgeräten, nicht aber auf einer Schallplatte möglich ist, hat man auf der Stereoplatte wenigstens die beiden Kanäle ausgenutzt, und ein der Schallplatte beigelegter Computer-Ausdruck lädt den Zuhörer ein, selbst an der Komposition teilzuhaben, indem er Lautstärken und Kanalverteilung steuert.

Erwähnen wir kurz Iannis Xenakis, der in Paris den Computer zur Komposition heranzieht, Peter Zinovieff, der in einem Londoner Studio arbeitet, Lambert Meertens, der im Amsterdamer Mathematisch Centrum wirkt, und Hubert Kuppers, der in Düsseldorf Versuche macht. Meertens ist insofern bemerkenswert, als sein Algorithmus, der auf statistischen Eigenschaften der Musik von Haydn und seiner Zeit aufbaut, in ALGOL geschrieben ist — wer immer ALGOL verwenden kann, könnte damit komponieren.

Franz Wagner komponierte in Wien schon 1955 mittels einer elektronischen Schaltung, die man heute als Hybridcomputer bezeichnen würde und die die Klänge auch gleichzeitig realisierte. Wagner ging davon aus, daß Musik irgendein Mittelding zwischen Regelmäßigkeit und Zufall ist. Also kombinierte er Impulsreihen miteinander, bis die Regelmäßigkeit kaum mehr erkennbar war. Das geht relativ leicht, wenn man Periode, Dauer und Lage von Stromstößen heranzieht, die man in geeigneten Größen erzeugt. Mit dem Gemisch zweier oder mehrerer Impulszüge lädt man einen Kondensator auf, und dann macht man Tonhöhe, Lautstärke und Dauer von Tönen von der Kondensatorspannung abhängig. Durch intuitiv-zufällige Verkopplung der Schaltkreise entstand eine äußerst individuelle Anlage, die zwar leider nie zu einem festen Gerät umgestaltet wurde, die aber allerlei bemerkenswerte Melodien und weniger melodiöse Tonstücke hervorbrachte. Rudolf Leitner reduzierte in seiner Diplomarbeit die Freiheiten der Wagnerschen Anlage auf die Beschränkungen, die der klassische vierstimmige Tonsatz verlangt. Dieser Versuch konnte nur im Ansatz gemacht werden, aber auch er produzierte annehmliche konventionelle Modulationen. Der Umfang, den die Entwicklungsarbeiten des Computers *Mailüfterl* annahmen, ließ die Weiterführung dieser Versuche nicht zu. Eigentlich schade.

Prozeßsteuerung in der Kunst

Die abstrakte und mathematische Natur der Musik macht es leicht, den Computer einzusetzen, ihre Töne sind außerdem ein historisches Objekt der Elektronik. Die Schwierigkeit der Verwendung des Computers für andere Kunstarten liegt darin, daß für das Hervorbringen von künstlerischen Objekten mechanische Hilfswerkzeuge verwendet werden müssen und daher komplizierte und teure Prozeßsteuerungen erforderlich sind. Mit der Entwicklung dieser Anwendungsrichtung wird es aber auch für andere Kunstrichtungen allmählich erschwinglich werden, künstlerische Prozesse zu steuern. Die

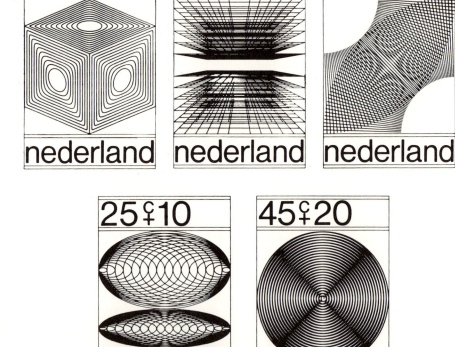

Abb. 50   Holländische Briefmarken des Jahres 1970 mit Computergraphik

Abb. 51 Eine Computergraphik von Dürer. Auch der Mensch kann ein Computer sein: einen Algorithmus getreulich ausführen

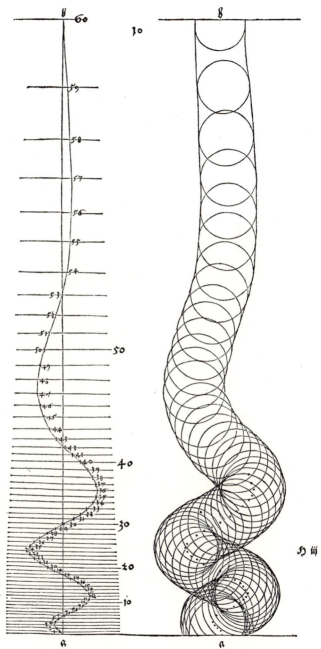

Zeichenmaschine und der Bildschirm, für die ein technischer Bedarf sehr früh auftrat, machen das deutlich, und Computergraphiken sind das zweitwichtigste Gebiet der Kunst aus dem Computer.

Beginnen wir wieder mit einer Rückblendung in die Geschichte und gehen wir von einer Computer-Graphik von Albrecht Dürer aus (Abb. 51). Das klingt ein bißchen sonderbar, ist aber eine gute Gelegenheit, darauf hinzuweisen, daß der Computer nicht unbedingt eine Maschine sein muß; ein Mensch, der in strenger Weise nach einem Algorithmus vorgeht, ist ebenso sehr ein Computer wie eine IBM/370. Und Dürers Zeichnung entsteht durch strikte Befolgung einer mathematischen Regel. Sie stammt aus dem Jahre 1525 und aus seiner *Unterweisung der Messung*. Natürlich hat Dürer diese Zeichnung nicht als Kunstwerk angesehen, das wäre in dieser Zeit niemandem eingefallen. Aber was Dürer hier mit dem sicheren Blick des Künstlers für sein Buch gestaltet, war ein Kunstwerk und ist den heutigen Computergraphiken verwandt, eben weil die Herstellungsmethode die gleiche ist. Zu den holländischen Briefmarken von 1970 aus „Computerhand" (Abb. 50) ist nur ein kleiner Abstand.

Kunst und Computer

Zu Beginn der Entwicklung ist es eher der Ingenieur, der sich als Dilettant betätigt — im besseren oder im schlechteren Sinn des Wortes — oder frappierende Scherze programmiert. Ein Beispiel dafür ist die Verwandlung eines Mathematikerporträts in eine von diesem Mathematiker eingeführte Notation, vom Computer in sanften, aber präzisen Übergängen ausgeführt.

Der Künstler blickt auf derartige Versuche mit berechtigtem Mißtrauen. Laien glauben ja immer, daß es leicht sei, die Produkte der modernen Kunst hervorzubringen. So mag es aussehen, aber wer sich mit den Dingen eingehend beschäftigt (und vor allem der Künstler selbst) kann Künstlerhand und Laienhand sehr wohl unterscheiden. Und dem elektronischen Kunstwerk haftet ja überdies ein gewisser Werkstattgeruch abstrakter Art an — es zeigt die Spuren der Schaltkreise und Geräte, die erst allmählich zum künstlerischen Werkzeug werden.

Merkwürdigerweise hat die Kunst der vergangenen Jahrzehnte aber die elektronische Kunst vorbereitet, indem sie die Werkstattgerüche der Elektronik schon sozusagen mit freier Hand hervorzubringen versuchte. Ein Webern benutzt die Geige geradezu elektronisch, und ein Mondrian verteilt die Elemente eines Bildes wie mit einem elektronischen Zufallsgenerator. Nicht weil die Elektronik da ist, gibt es die Computerkunst, sondern der Computer er-

Abb. 52 Computergraphik „Tapestry I" (Wandteppich I) von Lillian Schwartz und Ken Knowlton. Erster Preis des 8. Computerkunst-Wettbewerbes der Zeitschrift „Computers and Automation" 1970

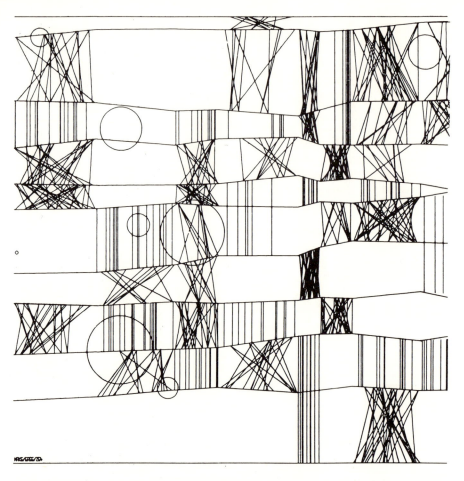

Abb. 53 Computergraphik von Frieder Nake, hergestellt mit einem Siemens Computer und einem Zuse Graphomaten

laubt fortzusetzen und weiterzuführen, was ohne ihn und seine Kenntnis angefangen wurde.

Die Spuren des Werkzeugs, die der Computerkunst anhaften, kommen nicht zuletzt von der Unbeholfenheit der Maschinerie, die sich dem Künstler heute anbietet, von der *Bahnhofshalle, nicht für es gebaut,* wie Morgenstern so schön sagt. Der Computer ist ja noch nicht einmal für den gewöhnlichen Benützer richtig praktisch — für den Künstler ist er wie ein Pinsel von fünf Tonnen mit einer Spitze von fünf tausendstel Millimeter. John Whitney, auf

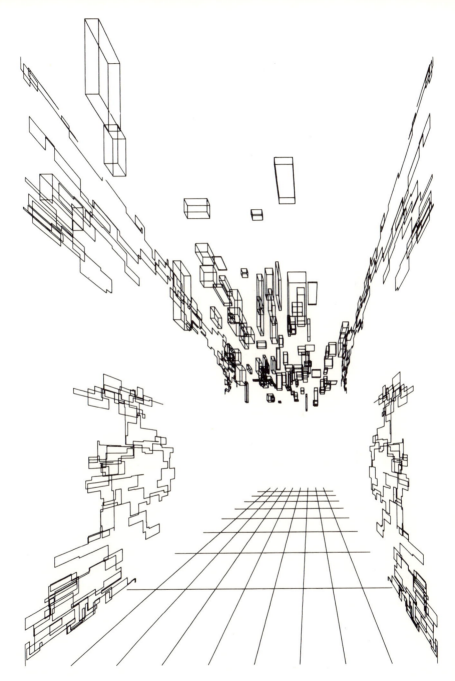

Abb. 54   Computergraphik von Georg Nees

den wir weiter unten zu sprechen kommen, beklagte sich bei der Herstellung seines Films, daß der verwendete Computer wie eine Orgel sei, bei der der Ton 14 Tage nach dem Anschlagen der Taste hervorkomme. Und er sagt auch, daß der Computer zwar immer schneller, immer größer an Gedächtnis und immer billiger werde, für den Künstler aber immer noch zu langsam, zu

Abb. 55   Computergraphik von Josef Hermann Stiegler: „Kybernetischer Schmetterling"

klein an Gedächtnis und vor allem zu teuer sei. Das ist eine zutreffende Kritik und das Übel nicht leicht und nicht schnell zu beheben. An all dies muß man denken, wenn man Computer-Kunst beurteilt. Die Zusammenarbeit zwischen Mensch und Maschine stellt Anforderungen, die bei aller scheinbaren Schnelligkeit unserer Zeit nur langsam zu erfüllen sind. Allein das Eindringen in das Wesen des Computers ist für einen Künstler, der ja ebensowenig Vorbildung in Logik und Programmierung hat wie viele Leser dieses Buches, ein fast unlösbares Problem. In der Wissenschaft kann man sich mit Teamwork helfen, ja es ist dort diese Arbeitsweise geradezu die Regel. In der Kunst ist das Teamwork nicht nur problematisch, es widerspricht bis zu einem gewissen Grad dem Wesen der Kunst.

Zufall und rationale Ästhetik

Zwei Tendenzen sind für die Kunst unserer Tage charakteristisch: der Glaube an den Zufall und die Sehnsucht nach der rationalen Produktionstheorie. Bringt das chaotische Arrangement im Kunstwerk das Chaos unserer Tage hervor oder umgekehrt? Eine Frage, auf die es keine Antwort gibt, und weder Klage noch Ablehnung ist eine passende Reaktion. Und das Gleiche gilt für die Rationalisierung von Bereichen, bei denen sich Rationalisierung nicht von selbst versteht.

Der Zufall ist, wie wir gezeigt haben, nicht neu in der Kunst. Nur kann man ihn in der Elektronik und im Computer besser benützen. Man sollte aber seine Wirkung nicht überschätzen. Unsere Sinnesorgane sind auf das Übermaß an Information einer zufälligen Verteilung so eingestellt, daß sie es großzügig reduzieren und recht viele der möglichen Eindrücke in eine einzige Klasse einordnen. Kurz gesagt: deswegen sehen die Zufallskunstwerke einander so ähnlich und deswegen sind Zufallsmaschen kurzlebig.

Manche Künstler und Philosophen meinen, daß die Computerkunst wesentlich mit einer rationalen Theorie der Ästhetik verknüpft sei — der produzierende Algorithmus müßte aus einer solchen Theorie abgeleitet sein. So wie, im einfachen Fall, Zwölftonreihen und serielle Musik aus einer mathematischen Gesetzmäßigkeit abgeleitet sind und erst auf höherer Ebene der Individualität des Künstlers offen sind. Ansätze für solche Theorien gibt es, Birkhoff und Bense sind hier die wichtigsten Autoren. Aber von einer simplen Gleichung ist ein weiter Weg bis zu einem Kunstwerk, und das von einer ästhetischen Theorie abgeleitete Kunstwerk kann nicht viel besser sein als die Theorie, mit deren Hilfe es erzeugt wurde. Kunst kommt eben von Können und weder vom Zufall noch von der Theorie: eine alte Weisheit, die der Computer nicht außer Kraft setzen wird.

Computergraphik

Graphische Kunstwerke entstanden am Oszillographen geradezu von selbst; die sogenannten Lissajou-Figuren, die beim Arbeiten des Elektronikers manchmal auftreten, wenn der Lichtpunkt Muster zeichnet, die aus verwandten Schwingungen entstehen, machen Spaß und laden daher zur Weiterführung ein. So ist es nicht erstaunlich, daß die ersten elektronischen *Graphiken* ausgeklügelte Lissajou-Figuren waren. Ben Laposky befaßte sich damit seit 1952 und war mit seinen Ausstellungen ein Vorläufer der Computergraphik.

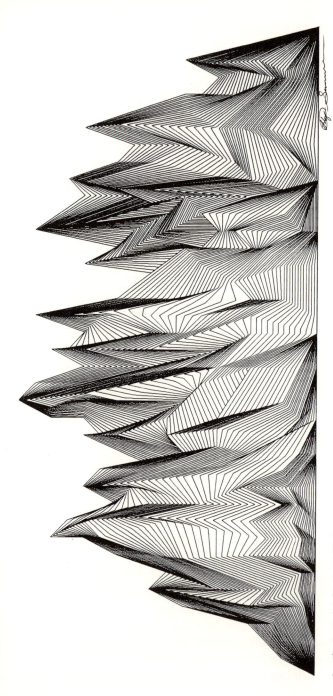

Abb. 56 Computergraphik von Lloyd Sumner „In Wilderness" (In der Wildnis), erzeugt mit einem Burroughs B 5500 Computer und einem CalComp 565 Plotter, programmiert in ALGOL

Der Ingenieur benützt Differentialgleichungen gerne, wenn sie ihm dienlich sind, aber die Ingenieurarbeit kann sich nicht stets auf geschlossene mathematische Theorien abstützen, und die richtige, echte Konstruktionsarbeit findet dort statt, wo die Gleichungen ohne Anpassung zusammentreffen, feindlich sozusagen und widersprüchlich. Hier kommt die Kunst des Ingenieurs zum Tragen, hier zeigt sich, welch ein Meister der brauchbaren Kompromisse er ist. Der Computer in seiner frühen Form kann dabei nicht dienlich sein, er rechnet ihm ja nur die Differentialgleichung aus. Der konstruktiven Arbeit muß nicht-numerische Informationsverarbeitung Unterstützung geben, und der Bildschirm ist ein gutes Mittel dazu. Graphische Informationsverarbeitung dieser Art ist die zweite Quelle für Computergraphik.

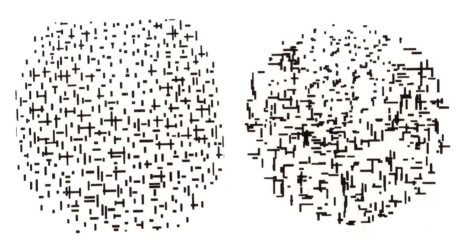

Abb. 57   Ein Bild von Piet Mondrian (links) „Komposition mit Linien" verglichen mit einer Computergraphik von A. Michael Noll (rechts), die ihr Vorbild durch statistische Annäherung imitiert

Aber um 1960 löst sich die graphische Computer-Kunst aus den technischen Schlingen heraus. Ingenieure, Mathematiker und Programmierer werden durch echte Künstler abgelöst — Bildhauer, Maler und Graphiker dringen in die Geheimnisse der Technologie ein und verstehen sie zu beherrschen. Man erkennt schon an den großbuchstabenfreien Texten, daß eine neue Periode beginnt.

Am beliebtesten sind natürlich trotzdem jene Graphiken, die sich vom elektronischen, computergesteuerten Zeichentisch herstellen lassen; dabei bestricken ja schon Präzision und Zeichenaufwand.

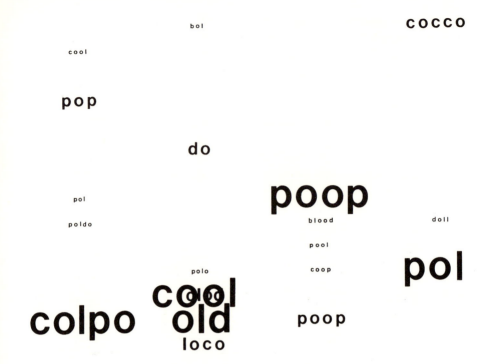

Abb. 58   Computergraphik von Marc Adrian

Nolls Imitation eines Mondrian-Bildes zeigt, daß wie in der Musik auch in der graphischen Kunst der Computer weiterführt, was ohne ihn begonnen hatte. Nennen wir noch die Namen Herbert W. Franke, der sich auch theoretisch und publizistisch um die Computer-Kunst bemüht, Lloyd Sumner, der erste Künstler, der allein von Computer-Kunst leben soll, und Marc Adrian, in dessen Graphiken Buchstaben als Elemente verwendet werden.

In besonderer Weise haben Otto Beckmann und Alfred Graßl den Zufall benützt. Sie gehen von Spezial-Computern aus, von Zufallsgeneratoren, die an der Technischen Hochschule Wien für technische Zwecke entwickelt worden waren, und bringen ihre Werke durch ein Reproduktionsverfahren hervor, das vom Oszillographenbildschirm herab arbeitet.

Der enge Raum gestattet es nicht, die Graphik auf jene Weise vorzustellen, die dafür erforderlich wäre: nämlich zahlreiche Beispiele zu bringen. Da es auch nur wenige Bildbände zu diesem Thema gibt, ist die Ausstellung der rechte Zugang. Und es ist die Ausstellung, die den Weg der Computer-Graphik markiert.

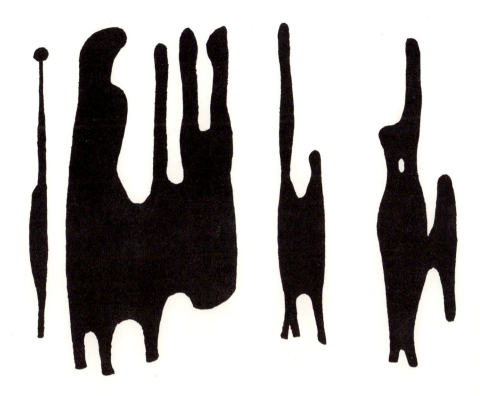

Abb. 59 Elektronische Computergraphik von Beckmann und Graßl 1969, erzeugt mit einem technischen Zufallsgenerator, einem Oszillographen und einem speziellen Reproduktionsverfahren

Ben Laposky zeigt 1953 seine Oszillogramme in 103 amerikanischen Städten. Die eigentliche Computer-Graphik erscheint aber erst 1965 in Ausstellungen — A. Michael Noll in USA und Frieder Nake und Georg Nees in Deutschland machen den Anfang. Die Howard Wise Gallery in New York zeigt später im gleichen Jahr eine umfangreiche Kollektion. Dazu muß noch die Zeitschrift *Computers and Automation* erwähnt werden, die seit 1953 jährlich Wettbewerbe für Computer-Graphik laufen hat und jeweils im August-Heft die preisgekrönten Arbeiten zeigt. 1967 gibt es im New Yorker Museum of Modern Art eine Ausstellung *The Machine*, bei der aber nur ganz wenige Werke der Computer-Graphik gezeigt werden. Einen starken Aufschwung nimmt dieses Gebiet in Europa im Jahre 1968, als in London die Ausstellung *Cybernetic Serendipity* und in Agram das Kolloquium *Computers and Visual Research* (Computer und visuelle Forschung) stattfinden. 1969 und 1970 geht dann eine Ausstellung *Computer-Kunst — Graphik, Plastik, Film, Musik* durch mehrere deutsche Städte, und hier zeigt sich schon ein sehr vielfältiges Bild der Computer-Graphik.

Die *Kybernetische Serendipität* ist eine bemerkenswerte Wortschöpfung. Serendip ist ein mohammedanischer Name für Ceylon, vielleicht aus dem Sanskritwort *Sinhaladvipa* abgeleitet, aus dem wohl auch das Wort *singhalesisch* hervorgegangen ist. Der englische Schriftsteller Horace Walpole schrieb 1754 ein Märchen *Die drei Prinzen von Serendip,* in welchem die Titelhelden durch Zufall und schnelles Erfassen fortlaufend Dinge entdecken, die sie nicht gesucht hatten. Wer immer die Idee hatte, das Wort Serendipität mit der Kybernetik zu verbinden und auf die Computer-Kunst anzuwenden, machte einen guten Griff; denn die Computer-Kunst dürfte noch eine Weile durch Zufall und gute Ideen zu Ergebnissen führen, die eigentlich nicht beabsichtigt waren.

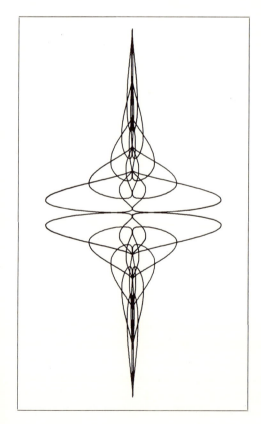

Abb. 60 Oszillogramm von Herbert W. Franke, hergestellt mit einem Analogrechner und einem Oszillographen

Programmierte Filme

Wir können auf all die vielen Arten von Ansätzen nicht eingehen, die über das Beschriebene hinaus Möglichkeiten der Computer-Kunst in anderen Sparten sichtbar werden lassen: Computer-Plastiken, Computer-Ballette — und auch über Computer-Gedichte bringen wir nichts. Nur noch ein Feld soll kurz gestreift werden, der Computer-Film. Es gibt schon eine ganze Reihe davon; als Beispiel sei der von John J. Whitney mittels Computer hergestellte Film *Permutations* herangezogen.

Whitney benutzt ein *Sprachkonzept*; er faßt die Grundmuster als Zeichen eines Alphabets auf, aus dem er *Wörter* und *Sätze* bildet, höhere Elemente seiner dynamischen Graphiken. Er liebt auch die Parallelen zur Musik und versteht auch den *Kontrapunkt* graphisch, das heißt filmisch. Die Muster werden Bild um Bild von einer Kamera photographiert. Sie entstehen auf einem Bildschirm, werden dann in verschiedenen Farben entwickelt, zusammenkopiert und zusammengeschnitten — ein äußerst umständliches Verfahren, welches die erwähnten Klagen Whitneys sehr verständlich macht.

Der Film scheint auf verschiedene Leute sehr verschieden zu wirken; Ingenieure gaben eine bessere Beurteilung als Künstler. Wahrscheinlich kommt das auch davon, daß den *Permutations* ein starker elektronischer Werkstattgeruch anhaftet. Whitney sagt das auch deutlich.

Er beklagt sich im Erläuterungsteil des Filmes außerdem über die Schwierigkeit, die rechte Musik für den Film zu bekommen oder zu machen. Seine Lösung, eine Schlagzeugbegleitung beizufügen, findet er selbst unbefriedigend. Der Versuch, Orchestermusik zu unterlegen, scheitert mit klassischer Musik — das geht einfach nicht — und bei modernen Werken gibt es zeitweise passende Passagen, dann aber wieder völlig unpassende. Man müßte Bild und Musik mit einem gemeinsamen Programm hervorbringen.

Zwölftonmusik erzeugt eine Graphik

Wie das gehen könnte, wie eine Koordination von Bild und Ton, von Graphik und Komposition gedacht werden könnte, soll an einem ganz einfachen Beispiel gezeigt werden. Es stammt nicht aus der Hand eines Künstlers, sondern ist unser Ingenieurversuch für die Fernsehfolge, ein primitiver Baustein, höchstens der Beginn eines möglichen Weges.

Wir haben eine Zwölftonreihe von Hanns Jelinek mit einer algorithmischen Graphikidee von Josef Hermann Stiegler kombiniert. Zum Vergleich zeigen wir auch eine Graphik Stieglers (s. Abb. 55). Für unseren Versuch produzieren wir nur einen Linienzug.

Die Zwölftonkomposition wurde um 1920 in Wien gleichzeitig von Arnold Schönberg und von Joseph Matthias Hauer konzipiert. Ein Zwölftonreihe besteht aus allen 12 Tönen einer Oktave in zufälliger Reihenfolge. Das benützte Motiv besteht aus zwei Zwölftonreihen

```
e    d    a    h    g    b    f    c    dis  cis  fis  gis
e    fis  h    a    cis  b    es   as   f    g    d    c
```

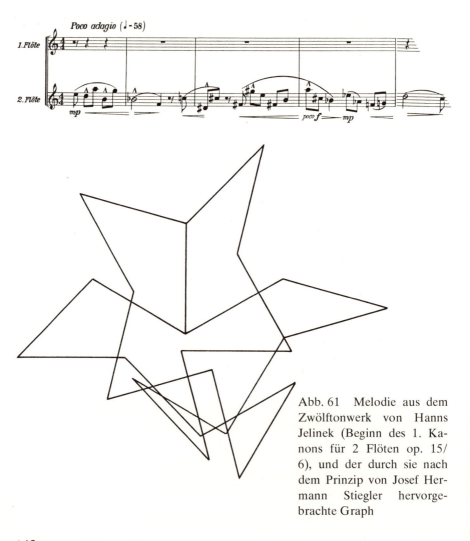

Abb. 61 Melodie aus dem Zwölftonwerk von Hanns Jelinek (Beginn des 1. Kanons für 2 Flöten op. 15/6), und der durch sie nach dem Prinzip von Josef Hermann Stiegler hervorgebrachte Graph

Stieglers Gedanke ist die Abbildung einer Tonfolge auf eine graphische Strichfolge. Ohne auf Einzelheiten und die Philosophie einzugehen, sei nur die Methodik übernommen. Das Alphabet besteht hier aus den zwölf Tönen, und jedem Ton entspricht eine Richtung in der Ebene. Alle Strichschritte sind gleich lang. Den beiden Zwölftonreihen entspricht dann eine Graphik (Abb. 61).

Die Koordination kann nun so erfolgen, daß zugleich mit jedem Ton der Zwölftonmelodie ein Strichelement der Graphik erscheint, zum Beispiel wurde dies auf der Rechenanlage der Technischen Hochschule in Wien programmiert und auf dem Sichtgerät gefilmt. Natürlich sind Zeichnungen zu Melodien schon häufig gemacht worden, und auch Filme zu Musikstücken hat es schon in der frühen Tonfilmzeit gegeben. Was der Computer hier verspricht, ist die Anwendung von einfachen Konzepten bis zu jener Komplikation, die sich über das Triviale erhebt und echte künstlerische Möglichkeiten bietet.

An diesem Beispiel erweist sich, was für den Computer ganz allgemein gilt: die Grundlagen können und sollen ganz einfach sein, Wirkung und Schwierigkeit entsteht aus Komplikation und Kombination.

Kapitel 9

Der Computer als Werkzeug des Managers (Die Kunst des Führens)

Der unentbehrliche Dirigent
Die Kunst des Entscheidens
Vom Abakus zum Computer
Fünf mal zehn Jahre Computerentwicklung
Futurologie des Computers
Wie die Parameter des Computers weiterwachsen werden
Von der Datenbank zum Projekt-Management
Privacy — Wo der Computer gefährlich werden kann

Der unentbehrliche Dirigent

Haben Sie sich nicht schon einmal während einer Konzertaufführung, die nicht Ihre ganze Aufmerksamkeit zu fesseln vermochte, nach der Funktion des Dirigenten gefragt, der mit theatralischen Gesten das Orchester zu beschwören schien, während man sich des Eindruckes nicht erwehren konnte, daß nur gelegentlich der eine oder andere Musiker ihn eines kurzen Blickes würdigte? Ist der Dirigent bloß formeller Repräsentant des Orchesters, der das Zeichen zum Beginn der Aufführung gibt und nach deren Ende den Dank oder auch manchmal den Unwillen des Publikums entgegenzunehmen hat? Könnten die Musiker nicht ebensogut ohne ihn spielen, wo doch Melodie und Tempo von der Partitur bereits vorgeschrieben sind? Wenn Sie auch nur einmal eine Orchesterprobe miterlebt haben, werden Sie die beiden letzten Fragen verneinen, ja sogar als absurd ansehen, denn trotz der genauen Vorschriften, die eine Partitur zu geben vermag, bleibt dem Dirigenten ein breiter Raum von Möglichkeiten zur Realisierung seiner individuellen Auffassung von dem betreffenden Werk.

Auf dieses Gesamtziel ausgerichtet, muß der Dirigent während der Orchesterproben seine Einstellung, die er auf Grund von Erfahrung, Intuition und Urteilsvermögen gewonnen hat, dem Orchester zu eigen machen. Daß dies nicht immer reibungslos durchführbar ist, versteht sich von selbst. Manche Musiker im Orchester mögen mit der Auffassung des Dirigenten nicht einverstanden sein, oder es könnten auch Meinungsverschiedenheiten unter den Solisten auftreten. Solche Gegensätze auszugleichen und die Summe der Einzelanstrengungen auf das Gesamtziel, nämlich eine gute Aufführung, auszurichten, ist die Aufgabe des Dirigenten. Damit ist aber seine Funktion keineswegs erschöpft. Bei der Aufführung selbst fungiert der Dirigent als Kontroll- und Steuerorgan, indem er kontinuierlich den Ablauf des Konzertes im Vergleich zu seinen Vorstellungen überprüft, um, falls Abweichungen auftreten, dem Orchester korrigierende Anweisungen zu geben.

Diese Überlegungen führen uns bereits klar vor Augen, welchen Anforderungen ein Manager gerecht werden muß, dessen Aufgaben denen eines Dirigenten ähnlich sind. Beide definieren zunächst im Rahmen ihrer Entscheidungsfreiheit Aufgaben und kontrollieren in weiterer Folge, ob diese optimal gelöst werden.

Die Kunst des Entscheidens

Wir wollen nun die Tätigkeit des Managers näher analysieren, um zu erkennen, welche Hilfsmittel er bei der Bewältigung seiner Aufgabe benötigt.

Ein Manager hat die generelle Aufgabe, Information in Aktion umzuwandeln. Information wird an den Manager herangetragen, Anweisungen gehen von ihm aus. Dieser Umwandlungsprozeß besteht in einem kontinuierlichen Treffen von Entscheidungen. Da in der heutigen komplizierten Wirtschaftsstruktur eine Fülle von richtiger und manipulierter, von übersichtlicher und undurchschaubarer Information zur Verfügung steht, ist die Auswahl und die Bewertung von Information der wichtigste Ausgangspunkt für eine richtige Entscheidung. Je komplizierter und vielschichtiger die Problemstellung ist, desto umfangreicher muß die Information sein, die zur Erstellung und zur Kontrolle des Gesamtplans notwendig ist, wobei die sinnvolle Ein- und Unterordnung von Teilplänen, der Blick für die Zusammenhänge und gegenseitigen Abhängigkeiten für die Tätigkeit des Managers unerläßlich sind. Erschwerend für das Treffen einer richtigen Entscheidung wirkt dabei häufig ein starker Zeitdruck, der es verlangt, daß die für den speziellen Fall bereits *verdichtete* Information in kürzester Zeit vorliegt. Gerade dazu bietet sich dem Computer ein breites Anwendungsgebiet. Mit seiner Hilfe ist es möglich, umfangreiche Informationssysteme aufzubauen, die die rasche Bereitstellung von einzelnen Daten und auch eine Analyse einzelner Entscheidungen im Hinblick auf deren weitere Auswirkungen gestatten.

Bevor wir jedoch darauf näher eingehen, wollen wir uns fragen, welche Weiterentwicklung des Computers zu erwarten ist, da dieser Aspekt von den zukünftigen Möglichkeiten der Führungstechnik nicht zu trennen ist. Zunächst aber ein Blick in die Vergangenheit.

Vom Abakus zum Computer

Wohl das älteste Hilfsmittel der Manager war ein Rechengerät, nämlich der *Abakus* (Abb. 62). Trotz seines einfachen Aufbaus gestattet er eine überaus effektive Durchführung aller vier Grundrechnungsarten und ist auch heute noch ein konkurrenzfähiges Rechengerät. Dies geht aus einem Ereignis hervor, das die Japaner in jeder längeren Rechenanleitung für ihren *Soroban* mit großem Vergnügen schildern. Am 12. November 1946 fand unter der Betreuung der amerikanischen Armeezeitung *Stars & Stripes* ein Rechenwettbewerb

Abb. 62 Abakus — Suanpan — Schtschoty — Soroban. Rechenstäbchen waren in China schon um 1100 vor Christus bekannt. In der europäischen Antike war der Abakus verbreitet. In Rußland ist der Schtschoty heute noch in häufigem Gebrauch. In Japan wird der Soroban (Bild) als ins Rechendenken integriertes Werkzeug kultiviert

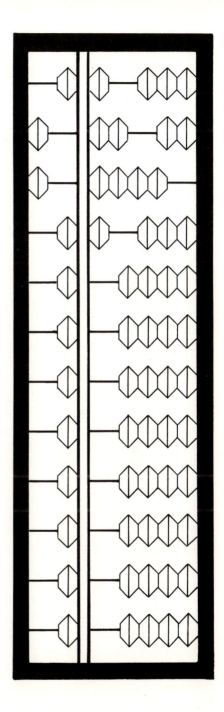

zwischen einem Soroban und einer elektrischen Tischrechenmaschine statt; als Rechner traten der Abakusmeister Kiyoshi Matsuzaki vom Ersparungsbüro der japanischen Postverwaltung an und der Soldat Thomas Nathan Wood von der 240. Finanzkassenabteilung im Hauptquartier von General McArthur; Wood war durch einen Vorwettbeweb unter den Armeemaschinenrechnern ausgewählt worden. Der Abakus errang einen derartigen eindrucksvollen Sieg über die elektrische Tischrechenmaschine, daß die Soldatenzeitung von einem *Rückschritt des Maschinenzeitalters* sprach. Nur beim Multiplizieren gewann der Tischrechner, bei den anderen vier Aufgabengruppen war der Abakusmeister schneller. Einige Zeiten als Beispiel:

	Abakus	Rechenmaschine
Addieren	1 min 15 sec	2 min
Subtrahieren	1 min	1 min 30 sec
Multiplizieren	2 min 44 sec	2 min 22 sec
Dividieren	1 min 36 sec	1 min 48 sec
Gemischte Aufgaben	1 min 21 sec	1 min 27 sec

Freilich hat der Computer sowohl den Tischrechner wie auch den Abakus weit überholt; aber was man vom Abakus lernen sollte, ist nicht in erster Linie die Geschwindigkeit, sondern die Zusammenarbeit zwischen Mensch und Gerät. Bei der Tischrechenmaschine kann man nicht viel mehr tun als mechanisch die Werte eingeben, die Befehlsknöpfe drücken und die Resultate ablesen. Beim Abakus ist die Grenze zwischen mechanischer und geistiger Tätigkeit nicht genau bestimmt; während die Finger Abakussteinchen bewegen, arbeitet der Geist mit, denkt an Abkürzungsverfahren und läuft durch Begleitvorstellungen, die nicht nur das rasche Arbeiten erklären, sondern auch die Verläßlichkeit der Berechnung erhöhen und die innere Beteiligung des Ausführenden wachhalten. Diese Besonderheit des Abakusrechnens ist der Grund dafür, daß die Japaner daraus mehr als ein zweckdienliches Hobby machen, geradezu eine Philosophie des Geistestrainings.

Der Computer muß in den kommenden 10 Jahren — insbesonders, wo er als Führungsinstrument verwendet werden soll — zur gleichen Zusammenarbeit mit dem Menschen gebracht werden. Das Computer-Teilnehmersystem wird dies technisch und finanziell ermöglichen: an die Stelle der Abakussteinchen treten die Zeichen und Bilder am TV-Röhren-Konsol und während der Geist seine Schlüsse mit Zehntelsekunden an Schrittgeschwindigkeit macht, rechnet der Computer entweder an der gestellten Frage mit seiner Milliardstel-Schrittgeschwindigkeit oder er dient in der Zwischenzeit einem anderen Benützer.

Den ersten wirklich entscheidenden Fortschritt gegenüber dem Abakus brachte das 17. Jahrhundert hervor. Wilhelm Schickart, Professor für Mathematik, Astronomie und biblische Sprachen, konstruierte auf eine Anregung Keplers hin die erste Rechenmaschine. Diese wies bereits beachtliche Möglichkeiten auf. Sie war eine Vierspeziesmaschine, d. h., man konnte alle vier Grundrechnungsarten auf ihr ausführen. Außerdem wurde bereits das Prinzip des automatischen Zehnerübertrags verwendet. Wenn sich ein Zahnrad einmal durchgedreht hatte, schaltete es beim Durchgang von 9 auf 0 zusätzlich das vorausgehende Zahnrad um 1 weiter. Pascal und Leibniz entwickelten um diese Zeit ebenfalls Rechenmaschinen, wobei letzterem auch die Wiederentdeckung des binären Zahlensystems gelang. Er hatte dieses im I-Ching, dem chinesischen Buch der Variationen, gefunden. Daraus ergibt sich, daß das binäre Zahlensystem schon einige Tausend Jahre alt ist. Am Ende des 18. Jahrhunderts begann die industrielle Herstellung von Rechenmaschinen, und damit setzte eine stürmische Entwicklung ein.

Fünf mal zehn Jahre Computerentwicklung

Die Geschichte eines technischen Objekts ist die Geschichte seiner Technologie. Und die Geschichte der Technologie hängt in erster Linie von der Geschichte der Einzelteile ab. Für die Rechenmaschine bedeutet das eine Entwicklung über viele Jahrzehnte hinweg, die wir in Abb. 63 schematisiert darstellen. Wir gehen in dieser Darstellung nicht auf das 19. Jahrhundert zurück, sondern beginnen mit dem Jahr 1935, in dem mit der Entwicklung des ersten mit Relais bestückten Computers begonnen wurde. Diese Relais arbeiteten in der Dimension von Millisekunden, also tausendstel Sekunden. Der wirkliche Beginn des Computerzeitalters — von der Technologie her gesehen — ist mit 1945 anzusetzen, als die Relais durch Elektronenröhren ersetzt wurden, womit man bereits Schaltzeiten von millionstel Sekunden aufweisen konnte. Im Jahre 1955 wurde die Röhre durch die damals neueste Errungenschaft der Festkörperphysik, den Transistor, ersetzt, und damit war für die Rechenmaschine ein idealer Bauteil gefunden. Aber die Entwicklung der Technik bleibt nicht stehen. So hat sich auch die Bauweise des Transistors stark verändert. Es wurde möglich, auf immer kleinerem Raum Schaltelemente zu integrieren (Abb. 64). Da dieser Trend noch immer anhält, können wir damit rechnen, daß im Jahr 1975 die Nanosekunde der normale Arbeitsbereich des Computers sein wird. Eine Nanosekunde ist eine milliardstel Sekunde. Diese Zeiteinheit kann man auch als Lichtfuß bezeichnen, weil das Licht in einer milliard-

1935   msec

1945

1955   μsec

1965

1975   nsec

1985

1995   psec

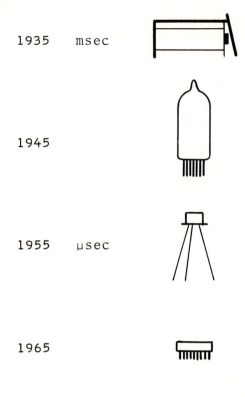

Abb. 63   Die Schaltelemente werden immer rascher und immer kleiner. Das Lichtfuß ist eine Zeiteinheit: 1 nsec, d. h. eine Milliardstelsekunde. In einer Billionstelsekunde durchquert das Licht nur mehr ein Frauenhaar. Soll der Übertrag im Rechenwerk den Ablauf nicht wegen der Lichtgeschwindigkeit verzögern, dann darf das Rechenwerk nur mehr solche Längenausdehnung haben

Abb. 64 55 Schaltelemente befinden sich auf diesem Integrierten Schaltkreis. Die Kristalle um den Schaltkreis dienen als Größenvergleich: es sind Salzkörner

stel Sekunde etwa 30 cm zurücklegt, also die Länge eines Fußes. Und so wie das Lichtjahr ein Entfernungsmaß ist, ist der Lichtfuß ein Zeitmaß. Die Lichtgeschwindigkeit ist deswegen so wichtig, weil keine Information rascher transportiert werden kann als mit Lichtgeschwindigkeit. Die Erreichung des Lichtfußes stellt einen Wendepunkt in der Entwicklung des Computers dar, weil von hier an eine Steigerung seiner Geschwindigkeit nur mehr durch eine Verkleinerung der Schaltwege im gleichen Ausmaß erreicht werden kann. Wir sind berechtigt, anzunehmen, daß die folgenden 20 Jahre bis etwa 1995 uns die Picosekunden-Technologie bescheren wird. Die Picosekunde ist eine billionstel Sekunde. Ist das überhaupt noch Zeit? Nun, es ist die Zeit, in der das Licht ein Frauenhaar durchmißt, und zwar nicht der Länge nach, wie man das scherzhaft oft formuliert, sondern tatsächlich den Durchmesser.

Doch ist die Entwicklung des Computers nicht nur unter dem Aspekt der Bauteile interessant. Am wichtigsten für die Charakterisierung der Entwicklung ist wohl der Einsatzbereich der Datenverarbeitung in den verschiedenen Epochen (Abb. 65). Das Jahrzehnt von 1938 bis 1948 war das Jahrzehnt der Pioniere. Experimentelle Maschinen wurden aufgebaut, die oft ein abenteuerliches Aussehen aufwiesen. Aber immerhin war der Beweis der Realisierbarkeit eines Computers erbracht. Die Zeit der Pioniere war damit vorbei. Das abgelaufene Jahrzehnt von 1958 bis 1968 war vor allem mit den Fragen der Programmierung beschäftigt. Die Theorie der Automaten und Programmierungssprachen wurde vorangetrieben. Vielleicht ist diese Entwicklung sogar etwas zu weit gegangen. Auf jeden Fall kann man heute Rückentwicklungen sehen, denn man ist bestrebt, den Computer nicht nur dem hochentwickelten, abstrakten Spezialisten zur Verfügung zu stellen, sondern auch dem durchschnittlichen Benutzer. Das ist aber nur dann möglich, wenn einfachere Mittel vorhanden sind, um den Computer benützen zu können.

Abb. 65. 50 Jahre Computerentwicklung in Vergangenheit und Zukunft
1938—1948 Pionierzeit: es geht!
1948—1958 Industrielle Fertigung: der Elektroniker dominiert
1958—1968 Universelle Programmiersprachen: der Mathematiker dominiert
1968—1978 Konsolen und Problemsprachen: der Benützer wird mündig
1978—1988 Öffentliche Computer-Netzwerke: Teilnehmerbetrieb wie heute beim Telephon

1938 – 1948

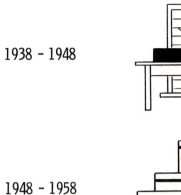

1948 – 1958

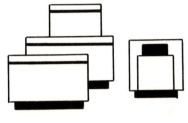

1958 – 1968

IF A > C THEN F :=Q + R
N := N + 1
GOTO EINGVAR

1968 – 1978

1978 – 1988

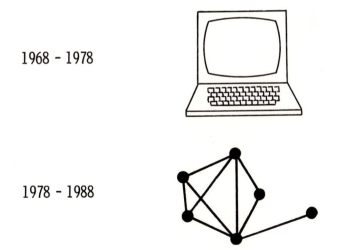

Abb. 65

Futurologie des Computers

Wie werden die nächsten 20 Jahre Computerentwicklung aussehen? Wir wollen bei der Beantwortung dieser Frage von Tatsachen ausgehen, die heute schon als Tendenz vorliegen und in den nächsten 10 Jahren Charakteristika der Entwicklung sein werden. Zwischen 1968 und 1978 läßt sich erwarten, daß die Programmierung nicht länger nur in Form von Programmierungssprachen vorgenommen wird, sondern vor allem optische Möglichkeiten ausnutzt, indem der Benützer mittels eines Bildschirms mit dem Computer kommuniziert, wodurch er in der Lage ist, unmittelbar zu sehen, welche Wirkung seine Befehle auslösen. Das wird Hand in Hand mit der Organisation von Teilnehmersystemen gehen, bei denen die enorme Geschwindigkeit des Computers dazu benutzt wird, daß der einzelne Teilnehmer in kurzen Zeitabschnitten den Computer zur Verfügung gestellt bekommt, ohne eine Störung durch die anderen Mitbenützer zu erfahren. Das ergibt sich nicht nur aus der Schnelligkeit des Computers, sondern auch aus der relativ langsamen menschlichen Reaktion, bzw. aus der Notwendigkeit, über ein Problem nachzudenken. Die dazu benötigte Zeit wird aber nicht vergeudet, sondern vom Teilnehmersystem einem anderen Teilnehmer zur Verfügung gestellt. Wenn es aber selbst allen Teilnehmern nicht gelingt, die Möglichkeiten des Computers auszulasten, dann kann immer noch zusätzlich ein anderes Programm in Stapelverarbeitung ausgeführt werden. Das anschließende Jahrzehnt zwischen 1978 und 1988 wird eine andere Entwicklung stärker sehen, die auch schon heute begonnen hat, nämlich die Vermaschung von Datenverarbeitungsanlagen zu riesigen Netzwerken, vermutlich zu öffentlichen Netzwerken. Es wird die Möglichkeit bestehen, dieses Computernetz nicht nur von einem Institut aus anzusprechen, sondern es werden Terminals auch in Wohnungen untergebracht sein. So wird es für uns in relativ naher Zukunft möglich sein, Programme und Daten aus öffentlichen Netzen zu beziehen.

Eine riesige Industrie ist heute mit der Produktion und dem Vertrieb von Datenverarbeitungsanlagen beschäftigt. Hunderte Hersteller von Computern, tausende Hersteller von Einzelaggregaten, zehntausende Benutzer in der ganzen Welt. Keiner hat mit dieser Entwicklung gerechnet. Wird das immer so weitergehen?

Wie die Parameter des Computers weiterwachsen werden

Zukunftsvorhersagen hat es schon immer gegeben. Vom Orakel zu Delphi über die Zigeunerin mit Kristallkugel und Kaffeesatz bis zur modernen Literatur über Futurologie. Der Ingenieur sieht diese Vorhersagen mit erheblichem Mißtrauen und bezweifelt ihre Verläßlichkeit. Es gibt eigentlich nur eine Art der Vorhersage, die ihm akzeptabel erscheint, und das ist die Verlängerung von Trendkurven, insbesondere dann, wenn man sie als Gerade aufzeichnen kann. Ähnlich wie eine träge Masse sich in gerader Linie weiterbewegt, wenn nicht besondere Kräfte auf sie einwirken, darf man annehmen, daß eine Entwicklung geradlinig stattfindet, wenn sie keinen unerwarteten Einwirkungen unterliegt. Die Wachstumsvorgänge, die am Computer zu bemerken sind, stellen sich als Geraden dar, wenn man einen logarithmischen Maßstab verwendet. Das haben wir in der Abb. 26 getan, als wir die Wachstumsraten der Computerspeicher und einer Großbibliothek, die ja auch ein Speicher ist, betrachtet haben. Wenn die Zahl der Bände einer Großbibliothek im Jahr 1950 knapp über 1,000.000 betrug, wird sie im Jahr 2050 bei etwa 100,000.000 liegen, wenn wir eine Wachstumsrate von ungefähr 4% annehmen. So beeindruckend eine derartige Wachstumsrate ist, sie ist harmlos im Vergleich zu der des Computerspeichers, denn diese liegt bei 40%. Die Kapazität des Hauptspeichers eines Computers verdoppelt sich im Zeitraum von etwa 2 Jahren. So ist es innerhalb von 20 Jahren gelungen, die Kapazität um den Faktor 1000 zu vergrößern. Diese Vertausendfachung in 20 Jahren wird uns auch in der Abb. 66 begegnen, wo versucht wird, die allgemeine Entwicklung der Computer an Hand von 4 Parametern darzustellen. Betrachten wir nun die Geschwindigkeit, mit der der Computer arbeitet. In der Zeit von 1948 bis 1968 hat sich die Operationsgeschwindigkeit von 10.000 auf 10,000.000 pro Sekunde ausgeführte Befehle erhöht, und wir haben gute Gründe anzunehmen, daß in den folgenden 20 Jahren bis 1988 eine weitere Steigerung auf 10.000,000.000 Operationen pro Sekunde möglich sein wird. Der technischen Entwicklung in bezug auf Speichergröße und Geschwindigkeit entspricht auch die bauteilmäßige Entwicklung. Die Größe der Bauteile (rechtes unteres Diagramm der Abb. 66) hat sich in den 20 Jahren bis 1968 um einen Faktor 1000 verringert. Die Einführung der Mikrotechnologie wird dazu führen, daß in den Jahren bis 1988 ein weiterer Verkleinerungsfaktor von 1000 erreicht werden wird, so daß die Bauteile — unabhängig davon, ob es sich um logische Elemente oder Speicher handelt — im Vergleich zu 1948 in ihrer räumlichen Ausdehnung auf 1 Millionstel abgesunken sein werden. Auch vom wirtschaftlichen Standpunkt konnten wir eine ähnlich günstige Entwicklung verzeichnen.

Die Kosten für eine logische Verknüpfung oder für die Speicherung eines Zeichens sind in der Zeit von 1948 bis 1968 um den Faktor 1000 gesunken, und die schon besprochene Mikrotechnologie läßt uns erhoffen, daß in den kommenden 20 Jahren eine weitere Senkung der relativen Bauteilkosten um den Faktor 1000 erreicht werden wird, so daß, bezogen auf das einzelne Ele-

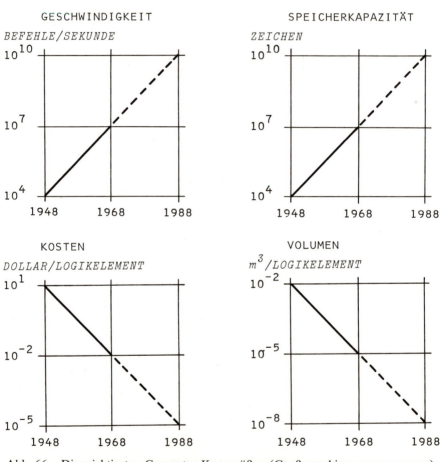

Abb. 66 Die wichtigsten Computer-Kenngrößen (Großmaschinen angenommen):
Geschwindigkeit $= 10^{4 + 3 \text{(Jahr} - 1948)/20}$ Befehle pro Sekunde
Kapazität $= 10^{4 + 3 \text{(Jahr} - 1948)/20}$ Zeichen im Hauptspeicher
Kosten $= 10^{1 - 3 \text{(Jahr} - 1948)/20}$ Dollar pro Logik- oder Speicherelement
Volumen $= 10^{-2 - 3 \text{(Jahr} - 1948)/20}$ m³ pro Logik- oder Speicherelement

Der Computer bleibt gleich groß und gleich teuer (oder billig), aber alle 20 Jahre werden Geschwindigkeit und Speicherkapazität vertausendfacht

ment, insgesamt eine Kostenreduktion um einen Faktor von 1,000.000 erreicht sein wird (linkes unteres Diagramm in Abb. 66). Diese technische Entwicklung muß auch eine Entwicklung der Sicherheit der Bauteile begleiten, denn es wäre unsinnig, wenn etwa die Steigerung der Operationsgeschwindigkeit durch oftmalige Maschinenausfälle wieder vermindert würde.

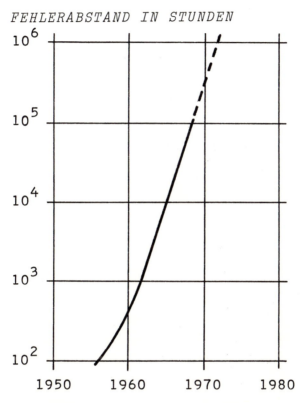

Abb. 67   Die Verläßlichkeit muß mit der Geschwindigkeitserhöhung steigen. Bei den kritischen Anwendungen wie Prozeßsteuerung und Raumfahrt war man darin außerordentlich erfolgreich

Es ist in der Tat gelungen, die Verläßlichkeit des Computers, insbesondere jener Anlagen, die in der Raumfahrt oder für die Steuerung von technischen Prozessen eingesetzt werden, sogar noch mehr zu steigern, wie im Diagramm der Abb. 67 gezeigt wird. Ein Verbesserungsfaktor von 1000 ist in einer kürzeren Zeit als 20 Jahren erreicht worden. Unter diesem Aspekt erscheint die Entwicklung der Hardware, der Schaltungstechnik, in einem günstigen Gleich-

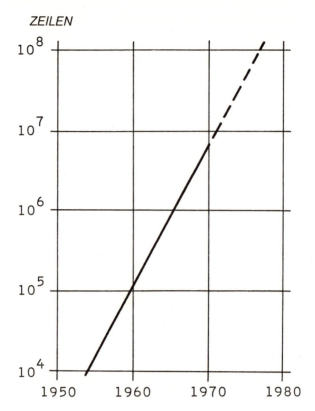

Abb. 68 Das Wachstum der Betriebsprogramme:

Programmbedarf = $10^{4 + 1 (Jahr - 1954)/6}$ Zeilen Betriebsprogramm
Die Zahl der Computer, auf welche die Softwarekosten verteilt werden kann, steigt nicht so rasch (Abb. 43)

gewicht. So dürfen wir in 20 Jahren einen Computer erwarten, der 1000 Mal so schnell arbeitet, 1000 Mal so viel Kapazität hat und mindestens die gleiche Verläßlichkeit bei gleichem Anschaffungspreis und gleichem Raumbedürfnis wie heute aufweist. Denn auch der Maschinensaal des Computers von morgen wird die gleiche Größe haben wie der heute übliche, den Sie in Abb. 1 anhand eines Beispiels sehen können. Wenn die Entwicklung der Hardware harmonisch erscheint, so trifft das leider nicht in gleicher Weise für die Software-Entwicklung zu. Der Umfang der Systeme, die für den Betrieb von Computern erforderlich sind, wird durch die Zahl der Programmzeilen des Betriebsprogramms ausgedrückt. In einem Zeitraum, der unter 20 Jahren

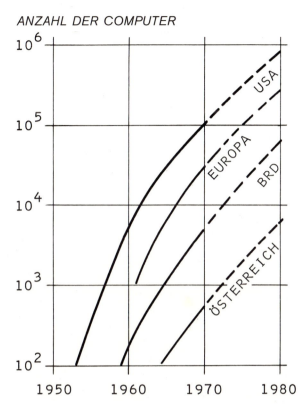

Abb. 69 Die Zahl der Computer wächst rasch an; die Verdoppelungszeit beträgt etwa 3 Jahre

liegt, hat sich die Zahl dieser Programmzeilen von 10.000 auf 10,000.000 gesteigert und bei den rasch steigenden Bedürfnissen der Benutzer ist es anzunehmen, daß dieser Trend anhält und daß noch vor 1988 Betriebssysteme 10 Milliarden Programmzeilen enthalten werden (Abb. 68). Das wirft schwierige Probleme auf, weil die Kosten pro Zeile anfallen und somit die Kosten für ein Betriebssystem mit der Zahl der Programmzeilen in gleicher Weise ansteigen. Die Betriebssysteme werden also immer teurer werden. Glücklicherweise gibt es auch hier einen Gegentrend, und das ist das Wachstum der Zahl der Computer, denn je mehr Computer mit dem gleichen Betriebssystem arbeiten werden, desto billiger kann der einzelne Benutzer arbeiten. In der Tat steigt die Zahl der Computer in der Welt mit einem sehr ähnlichen Trend, wobei die Gesamtzahl der Computer in der Abb. 69 in der logarithmischen Darstellung kaum von der Zahl der Computer in den Vereinigten Staaten unterschieden werden kann. Die Trendkurven für Europa, die Deutsche Bundesrepublik und Österreich weisen eine ähnliche Tendenz auf und gestatten die Vorhersage, daß in weniger als 20 Jahren die Zahl der Computer auf eine halbe Million angestiegen sein wird. Dem entspricht auch ein enormer Wertzuwachs. Damit steigt der Geschäftsumfang der Computerindustrie wesentlich schneller als Elektronik- und Elektroindustrie wachsen. Die Bedeutung dieser Entwicklung kann gar nicht überschätzt werden, denn 500000 Computer sind nicht etwa Resultat der Geschäftspraktik der Verkaufshyänen der Computerfirmen oder ein Zeichen für eine Pest der Technik, sie stellen einfach eine Notwendigkeit zur Bewältigung zukünftiger Aufgaben dar.

Von der Datenbank zum Projekt-Management

Die Prognosen über die Weiterentwicklung des Computers lassen klar erkennen, welches großartige Werkzeug uns die Technik zur Bewältigung der immer komplexer werdenden Führungsprobleme zur Verfügung stellen wird. Speichergröße, Geschwindigkeit, Zuverlässigkeit und Kosten sind gerade für die Bewältigung dieser Aufgabe von entscheidender Bedeutung. Darüber hinaus werden Teilnehmersysteme den leichten Zugang zum Computer ermöglichen.

Was bedeutet diese Entwicklung für das Management? Da Information für den Manager das Rohmaterial darstellt, das er durch das Fällen von Entscheidungen zum Endprodukt, zu Anweisungen und Aktionen verarbeitet, muß zunächst dafür gesorgt sein, daß Information im genau richtigen Ausmaß zur Verfügung steht, wobei ein verwirrendes Zuviel ebenso schlecht sein kann wie ein mageres Zuwenig. Bei Vorliegen zu vieler Details ist es oft sehr schwer, den Blick für das Wesentliche zu behalten. Genau die Menge von Information, die eine Entscheidung erfordert, vorgelegt zu bekommen, ist der Wunsch des Managers und gerade dabei wird ihm der Computer eine wertvolle Hilfe werden. Dieses Ergebnis wird zunächst zum Aufbau von Datenbanken führen, in denen die ein Unternehmen erreichende oder auch innerhalb desselben anfallende Information in geeigneter Weise gespeichert wird. Natürlich sollen nur Daten in das System Eingang finden, die zu einem späteren Zeitpunkt in irgendeiner Form zur Gewinnung konkreter Information beitragen könnten. Daten aus dem Bereich der Personalabteilung oder der Fertigung werden genauso enthalten sein wie etwa Literaturverzeichnisse. Doch mit einer Datenbank allein wäre nicht gedient. Man benötigt noch die Software, d. h. die Programme, die eine sinnvolle Verknüpfung der gespeicherten Daten zu aussagekräftiger Information ermöglichen, um ein wirkungsvolles Management-Informationssystem einsatzfähig zu machen.

Gerade an diesen Programmen wird es liegen, wo die Grenzen solcher Informationssysteme abzustecken sind, denn wir haben aus den Trends der Computerentwicklung gesehen, daß von seiten der Hardware keine Einschränkungen zu erwarten sind. Bereits heute ist der Computer in vielen Unternehmen ein unentbehrliches Werkzeug der Manager. Meist über administrative Bereiche in eine Firma eingezogen, verleiht er nun manchem Großunternehmen bei Planungsaufgaben eine Flexibilität, wie sie früher nur ein Kleinbetrieb aufweisen konnte. Doch nicht nur die kaufmännische Verwaltung, sondern das gesamte Unternehmen mit seinen vielen Bereichen wird sich in Zukunft des Computers bedienen, wenn es gegenüber der Konkurrenz bestehen will. In diesem Zusammenhang sollte auch darauf geachtet werden, daß nicht einzelne Bereiche eines Unternehmens jeweils ihre eigene Datenbank aufbauen. Das ist eine Tendenz, die den Aufbau einer universellen Datenbank behindert und häufig dort anzutreffen ist, wo die einzelnen Abteilungen einer Firma zu verschiedenen Zeitpunkten die elektronische Datenverarbeitung eingeführt haben.

Der Computer wird in Zukunft nicht nur das Management mit Information versorgen. Jeder Mitarbeiter eines Unternehmens wird die von ihm benötigten Daten aus der zentralen Datenbank erfragen können. Dabei kann es sich ebenso um Produktionsplanung handeln wie um die Anfrage nach einem bestimmten Buch der Betriebsbibliothek. Ein Projektleiter wird sich jederzeit darüber informieren können, ob die Ergebnisse seines Projektes der Gesamtplanung entsprechen, und dem Personalleiter werden die Auswirkungen einer neuen Gehaltsplanung innerhalb kurzer Zeit, vom Computer bis ins kleinste Detail errechnet, bekannt sein. Diese Entwicklung wird zu einer bisher nicht gekannten Transparenz des innerbetrieblichen Geschehens führen und das Fällen von Entscheidungen auf den Bereich reduzieren, der dem Menschen immer verbleiben wird und der ihm vom Computer niemals abgenommen werden kann, nämlich die Intuition.

Wenn man einer Entscheidung als Basis Erfahrung, Information und Intuition zugrunde legt, dann läßt sich vorhersagen, daß die Bereitstellung von Information — und in Zukunft auch von Erfahrungswerten — Aufgabe der Computer sein wird. Die Intuition aber, auf Grund der sich etwa ein Firmenleiter gegen vorliegende Information und Erfahrungswerte für eine ganz andere Verhaltensweise als die zu erwartende entschließt, wird den Führungskräften immer vorbehalten bleiben. Aber gerade diese Intuition, dieses Vorahnen, dessen Grund ein Manager meist selbst nicht bewußt erkennt, stellt oft den

Ansatz zum großen Erfolg eines Unternehmens dar. Der Computer wird immer nur Information liefern können, die auf Grund von vorgegebenen Verknüpfungsregeln aus einer zur Verfügung stehenden Datenmenge abgeleitet werden kann. In diesem Sinne sind auch die maschinell errechneten Prognosen zu verstehen, nämlich als eine Auswertung von Daten nach vorgegebenen Regeln. Die Qualität der dabei zu erwartenden Information wird niemals besser sein können als die der Eingabedaten.

Bereits heute gestatten Simulationsprogramme, ein Unternehmen mit seinen vielen Abteilungen und deren Aufgaben im Computer nachzubilden. Damit wird es erleichtert, weitreichende innerbetriebliche Entscheidungen am Modell zu studieren, damit man sie nicht in die Tat umsetzt, ohne vorher ihre vollen Auswirkungen durchschaut zu haben. Solche Simulationsmodelle haben in letzter Zeit besonders bei der Ausbildung von Führungskräften als *Unternehmensspiele* eine große Bedeutung erlangt, wobei hier das Wort *Spiel* die Gegenüberstellung zur Anwendung in der Praxis ausdrücken soll. Der Einsatz der elektronischen Datenverarbeitung ermöglicht es, daß die dafür erdachten Wirtschaftsmodelle von unübersichtlicher und verzweigter Struktur sein können und so den wirklichen Gegebenheiten der Wirtschaft sehr nahe kommen. So werden Auswirkungen von unternehmerischen Entscheidungen und deren Zusammenwirken am Modellfall untersucht und damit auch die nötige Erfahrung für die Praxis gewonnen.

Simulationsmodelle in Spiel und Praxis existieren aber nicht nur für kaufmännische Problemstellungen. Auch die technischen Bereiche einer Firma, wie etwa Entwicklung und Produktion, bedienen sich immer mehr des Computers, wenn es gilt, risikolos neue Ideen auf deren Anwendbarkeit und Auswirkungen zu überprüfen. Schwingungseigenschaften der Tragflächen eines Flugzeuges, der Ablauf einer komplizierten Fertigung, oder auch das Management eines mit vielen Teilaufgaben befaßten Projektes, um nur einige Beispiele zu nennen, können bereits heute simuliert werden.

Aber noch eine weitere Hilfe wird sich dem Management bieten, nämlich Systeme, die durch Auswertung eines bestehenden Datenmaterials Trends ermitteln und durch deren Extrapolation, deren Verlängerung in die Zukunft, Prognosen über zukünftige Entwicklungen geben können. Wie sehr einer vor Entscheidungen gestellten Führungskraft damit geholfen werden kann, sieht man an einem einfachen Beispiel. Betrachten wir einen Politiker, der eine Entscheidung vom Ausgang der Wahlen abhängig macht, die gerade stattfinden. Voll Spannung erwartet er die Bekanntgabe der Ergebnisse. Dank der Hochrechnung, bei der auf der Basis von bereits vorliegenden Teilresultaten auf das Endergebnis *hochgerechnet* wird, ist unser Mann in der Lage, seine

Entscheidung zu fällen bevor noch alle Stimmen ausgezählt sind. Wertvolle Zeit kann für ihn dadurch gewonnen sein. Auch bei der schwierigen Aufgabe der Budgeterstellung müssen auf Grund vergangener und laufender Steuereingänge langfristige Prognosen erarbeitet werden. Dies sind alles Aufgaben, die wegen der mit ihnen verbundenen Rechenarbeit ohne Computereinsatz nur mit großer Zeitverzögerung zu bewältigen wären, was wieder den Wert ihrer Ergebnisse verringern oder gar aufheben würde.

Verschiedene Systeme, die dem Bedarf an Information, Simulation und Prognosen entsprechen, bieten sich schon heute dem Management an, ihre Benützung wird aber bereits morgen eine Notwendigkeit sein. Die Planung und Überwachung von Großprojekten, das *Projekt-Management*, wird eine der wichtigsten Aufgaben unserer Zeit werden. Dabei wird der Computer immer unentbehrlicher, ohne dessen Hilfe, allein bei der Bewältigung der Managementprobleme des APOLLO-Projektes, eine Landung auf dem Mond nicht möglich gewesen wäre. Die Zeit ist nicht fern, wo auch der komplizierte Staatsapparat auf Computerbetrieb umgestellt sein wird. Datenbanken größ-

Abb. 70 Der beliebteste falsche Umgang mit Computern ist sein Einbau in den ansonsten unveränderten Betrieb. Der Computer und seine Umgebung müssen ein Ganzes bilden. Der Fehler kann mit der Programmierung auf eigene und noch weniger sichtbare Weise wiederbegangen werden: der neueste Computer zieht in manchen Fällen die ältesten Programme durch. (Zeichnung: Paul Fora)

ten Umfanges werden notwendig sein, um die Fülle von Information, die in den einzelnen Ministerien akkumuliert ist, dem Computer zugänglich zu machen. Diese gewaltige Aufgabe wird nicht von heute auf morgen durchführbar sein, aber der Erfolg wird den Aufwand rechtfertigen. Alle aufgezeigten Möglichkeiten eines modernen Managements werden dann auch staatlichen Stellen voll zur Verfügung stehen. Die Führungskräfte werden von Aufgaben befreit sein, die der Computer viel besser zu vollbringen imstande ist, und werden sich mehr den psychologischen Aspekten der Personalführung widmen können, deren eminente Bedeutung zur Erreichung maximaler Erfolge eines Teams erst in letzter Zeit voll erkannt wurde. Die Motivation der Mitarbeiter, das Begeistern für die von ihnen verlangten Aufgaben wird eine größere Rücksichtnahme auf die zwischenmenschlichen Beziehungen erfordern als dies heute üblich ist. Das Verhältnis Chef — Untergebener wird mehr einem Teamwork-Denken Platz machen müssen, wenn optimale Produktivität erzielt werden soll. Der Computer ist ein Werkzeug, das geeignet ist, die Führungsmethoden einer Organisation auf eine sachliche Grundlage zu stellen, doch müssen die Manager die notwendigen menschlichen Qualitäten aufweisen, um die psychologischen Führungsprobleme zu bewältigen.

Privacy — Wo der Computer gefährlich werden kann

Im Zusammenhang mit dem Aufbau von Datenbanken und Informationssystemen hat man sich in letzter Zeit auch mit dem Begriff „Privacy" befassen müssen, der sich auf den Schutz der Privatsphäre bezieht. Besonders bei der Planung von Datenbanken für staatliche Anwendungsbereiche ist es meist wesentlich, die zu speichernden Daten, die mit der Privatsphäre von Staatsbürgern oft eng verknüpft sind, vor unbefugtem Zugriff und mißbräuchlicher Auswertung zu sichern. Aber auch innerhalb privater Unternehmen, wie etwa in den Personalabteilungen, wird über Mitarbeiter Information gespeichert, die nicht jedem daran Interessierten zur Verfügung gestellt werden kann. Ob es sich dabei um eine Aufstellung der Gehälter handelt oder ob es einen Auszug aus dem Strafregister betrifft, es ist klar, daß Information solcher Natur in den Händen Unbefugter großen Schaden anrichten kann. So umständlich das bisherige System der verteilten Informationsaufbewahrung auch ist, es bietet doch, wahrscheinlich eben wegen der großen Umständlichkeit seiner Handhabung, eine relativ hohe Sicherheit gegenüber mißbräuchlichem Eindringen. An vielen Orten wird Teilinformation gespeichert, und wenn es jemandem schon gelingen sollte, unbefugt in Aufzeichnungen eines Bereiches Einsicht zu nehmen, dann steht ihm damit noch keinesfalls die an anderen Stellen aufbewahrte Information zur Verfügung. Die Idee einer zentralen Datenbank entspricht aber genau dem Gegenteil. Der Rahmen dieser Darstellung erlaubt es nicht, auf die vielen Methoden detailliert einzugehen, die entwickelt wurden, um eine mißbräuchliche Verwendung von Datenbanken zu verhindern. Von der vor einer Abfrage notwendigen Eingabe eines Schlüsselwortes bis zu komplizierten Testprogrammen, nach dessen positiver Auswertung erst Daten freigegeben werden, ist schon sehr vieles entwickelt worden, was zu einer Lösung des Problems beitragen kann. Je nach dem Wert der gespeicherten Information wird man mehr oder weniger aufwendige Systeme zur Wahrung der Geheimhaltung heranziehen.

Alle diese technischen und organisatorischen Probleme werden sich jedoch voraussichtlich mit befriedigender Sicherheit lösen lassen, so daß das unbefugte Eindringen in Privatsphären verhindert werden kann.

Bei einer Debatte im englischen Oberhaus am 3. Dezember 1969, welche das Problem der Privacy zum Thema hatte, beendete Lord Sherfield seinen Diskussionsbeitrag mit den Worten: „Bei dieser Debatte, Mylords, sollten wir uns bewußt sein, daß des Menschen bester Freund nach dem Pferd das Elektron ist. Wie das Pferd, bedarf es auch der Zügel und des Zaumes. Es soll aber auch weitere Anwendungen und Veredelungen erfahren, zum Nutzen und zum Wohl unserer Gesellschaft".

Kapitel 10

Die Lehre vom Lenken (Kybernetik)

Ein Wort macht Karriere
Wie der Ist-Wert zum Soll-Wert wird
Die kybernetischen Grundmodelle
Ultrastabilität, die Superkonstanthaltung
Die Lehrmaschine von Pask
Definitionen der Kybernetik
Schlußwort

Ein Wort macht Karriere

Das Wort *Kybernetik* hat in der Öffentlichkeit noch weit mehr Resonanz gefunden als das Wort Computer. Viele Leute halten die Kybernetik für die Familie der Wissenschaften um den Computer herum, und das ist gar nicht ganz falsch. Wer aber Sinn für Feinheiten hat, sollte hier ein wenig vorsichtig sein. Noch dazu ist in letzter Zeit auch noch der Name Informatik häufig zu hören gewesen, so daß eine Klärung der Begriffe ganz gut tun mag.

Gehen wir vom Wort *Kybernetik* aus, denn dieses klingt nicht nur gut, es trägt auch eine dichte Ladung von Bedeutung mit sich. Es stammt von dem griechischen Wort *Kybernetes* (Steuermann) und wurde schon von Plato für eine Verallgemeinerung benutzt; bei ihm ist die Kybernetik die Staatskunst, die Kunst also, den Staat zu lenken. In gleicher Bedeutung wurde das Wort auch im Kirchenlatein für die Theorie der Lenkung der Kirche verwendet, und der französische Physiker André Ampère gebrauchte es 1834 in einem Essay über die Philosophie der Naturwissenschaft als Name für die Wissenschaft von den möglichen Verfahrensweisen der Regierung.

Die heutige Verwendung geht nicht auf diese historischen Quellen zurück. Vielmehr kam das Wort von einem Buchtitel her in Mode, und Norbert Wiener — amerikanischer Mathematikprofessor und Verfasser des Buches *Cybernetics or Control and Communication in the Animal and the Machine* — der über die Entstehung der neuen Wissenschaft lang und breit berichtet, sagt nicht sehr viel darüber, wie er auf dieses Wort kam; es sei ihm *Steuermann* eingefallen, nachdem er *Bote* (angelos) schon besetzt fand. Es läßt sich aber eine Vermutung aufstellen, die immerhin einiges für sich hat. In Amerika tragen Studentenverbindungen — oder was diesen Institutionen in den USA entspricht — Namen, die aus zwei oder drei griechischen Buchstaben bestehen. Eine der vornehmsten und ältesten, 1776 gegründet, heißt *Phi-Beta-Kappa* — und sie deutet ihre drei Buchstaben in Form ihres Wahlspruches *Philosophia Biou Kybernetes* (Die Philosophie sei der Steuermann des Lebens). Norbert Wiener wurde, wie er in seinem Memoirenwerk schildert, 1909 dort die Aufnahme verweigert; man bezweifelte, so deutete man ihm vorsichtig an, daß die Begabung des Wunderkindes anhalten würde. Die Ablehnung hat Wiener sein ganzes Leben lang nicht vergessen, obwohl er 15 Jahre später Mitglied von Phi-Beta-Kappa wurde. Es ist kaum denkbar, daß Wiener den Wahlspruch nicht gekannt hätte.

Wie aber kam es — unabhängig von ihrem Namen — zur Sache, die nun Kybernetik heißt? Man muß zugeben, daß auch hier wieder einmal der Krieg den Anstoß gab; das ist kein Anlaß für Kulturpessimismus — der Krieg ist nicht Vater vieler Dinge, weil er in sich schöpferisch wäre, sondern weil er dem Sprichwort *Not macht erfinderisch* unangenehme Dringlichkeit gibt. Norbert Wiener hatte sich mit der Abwehr feindlicher Flugzeuge zu befassen, und vor seinem geschulten analytischen Auge zerfiel das Problem sofort in drei Teile. Erstens muß man wissen, wo sich das Flugzeug befindet; die Antwort kommt von der Funkmeßtechnik, der Radartechnik: ein kurzer Hochfrequenzimpuls wird durch eine Richtantenne systematisch in alle Richtungen des Himmels geschickt, und das Flugzeug reflektiert ihn. Die Richtung kann man daher aus der Einstellung der Antenne im Empfangszeitpunkt ablesen und die Entfernung folgt aus der Verzögerung gegen den Sendezeitpunkt (einer Mikrosekunde entsprechen 150 m). Zweitens muß man auf die gemessene Stelle treffen; das ist ein Problem der Ballistik, und die Schießtabellen waren ein starker Grund für die amerikanische Heeresleitung, die Entwicklung elektronischer Rechenanlagen zu fördern. Man war ohnehin spät mit solcher Einsicht (wenn auch nicht so verspätet wie die deutsche Heeresleitung, die den deutschen Pionier des Computers, Konrad Zuse, zur Infanterie einberief). Norbert Wiener schlug in einer Denkschrift den Bau von Computern vor, aber die zuständigen Ingenieure waren technischen Vorschlägen von Mathematikern gegenüber sehr mißtrauisch und blieben lieber bei ihren Analogmaschinerien. Drittens braucht man jedoch eine Vorhersagetheorie, wenn die Flugzeuggeschwindigkeit mit der Projektilgeschwindigkeit vergleichbar wird. Dann ist nämlich das Flugzeug längst von der durch das Radargerät bestimmten Stelle fort, wenn das Projektil oben ankommt. Man muß dorthin schießen, wo das Flugzeug sein wird, wenn das Projektil ankommt. Tatsächlich gelang es Norbert Wiener, eine Vorhersagetheorie für statistische Zeitreihen aufzustellen, und sie wurde seine hervorragendste mathematische Leistung. Allerdings war sie so schwierig, daß der gelbgebundene Band mit der ersten Darstellung Wieners bei den Ingenieuren der Rüstungsindustrie den Spitznamen *die gelbe Gefahr* erhielt. Aber Norbert Wiener wurde nicht nur berühmt durch seine Theorie, sondern er machte außerdem eine Erfahrung, die ihn tief beeindruckte. Während man die Parameter der beteiligten physikalischen Effekte und technischen Objekte ziemlich gut erfassen kann, entzieht sich ein Element des Problems der mathematischen Gleichung: der Pilot der feindlichen Maschine, der auf das Flakfeuer durch unvorhersagbare Manöver reagiert. Der Mensch als Störgröße physikalischer Relationen wurde für Norbert Wiener zu einer beunruhigenden Themenstellung. Er begann, einen Diskussionskreis von Fachleuten der verschiedensten Richtungen zusammenzutrommeln — was am Massachussets Institute for Technology nicht allzu schwierig war. Damit entzündete sich das interfakultative Gespräch, das bis heute den Kern der Kybernetik ausmacht und vielleicht ihre beste Definition ist.

Norbert Wiener hingegen hielt die durch den Untertitel seines Buches gegebene Definition für klar und richtig. Die deutsche Übersetzung mit *Regelung und Nachrichtenübertragung im Lebewesen und in der Maschine* trifft den Wortlaut nicht ganz. Denn *Control* heißt zwar auf deutsch in der Tat *Steuerung und Regelung,* aber auch *Kontrolle* und *Beherrschung; Communication* schließt auch noch *Nachrichtenverarbeitung* und *Nachrichtentechnik* ein, darüber hinaus bedeutet es auch Mitteilung, Gespräch und auf Nachrichtenaustausch beruhende Zusammenarbeit. Für Wiener ist auch der Mensch im Begriff *animal* enthalten und selbstverständlich hatte er einen sehr modernen Begriff von der Maschine, in welchem alle Spielarten der computergesteuerten Gerätschaften eingeschlossen sind, von denen zu träumen einem Jules Verne nicht gelungen ist.

Die wirkliche und gleichnishafte Tätigkeit des Steuermanns läßt sich durch ein Schema beschreiben, welches in seiner Allgemeinheit kaum zu übertreffen ist. Geht man, genau wie Norbert Wiener, von der technischen Beschreibung aus, so muß man die *Regelschleife* erklären, einen elementaren Funktionskreis der Elektronik (Abb. 71). Ansetzen kann man diesen Funktionskreis überall

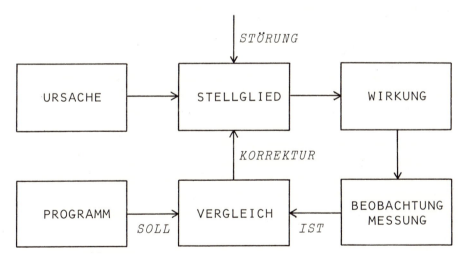

Abb. 71 Die Regelschleife, Grundstruktur der Kybernetik. Der Unterschied zwischen Ist- und Sollwert korrigiert automatisch die Störung — beim Lenken und Greifen, beim Konstanthalten und Regeln — in Technik und Wirtschaft, Biologie und Soziologie

dort, wo der Einfluß irgend einer quantitativ erfaßbaren Ursache auf eine ebensolche Wirkung durch einen einstellenden Eingriff beeinflußt werden kann. Das einfachste — und älteste — technische Beispiel ist der Dampfregulator. Die Ursache für die Drehung der Dampfmaschine ist die Dampfzufuhr, die quantitativ meßbare Wirkung ist die Drehzahl, und das einstellende Element ist ein Schieber, der die Zufuhr vergrößern oder verringern kann. Schon James Watt, der wichtigste Erfinder der Dampfmaschine, meldete ein Patent dafür an, die Drehzahl automatisch konstant zu halten, eben den Regulator (englisch *governor*, was natürlich auch vom griechischen Wort für Steuermann abgeleitet ist). Maxwell, der Begründer der Lichttheorie, rechnete das Schema in einem Artikel aus dem Jahre 1868 das erste Mal durch — damit begann die Rückkopplungstheorie.

Wie der Ist-Wert zum Soll-Wert wird

Sehen wir uns das allgemeine Schema an, ehe wir mit der Erklärung des Regulators fortfahren. Von der Ursache führt der Weg irgend einer Größe, sei es eine Energie, ein Stoff oder Information, über das Stellglied zu einer Wirkung. Ein Meßgerät erfaßt den Zahlenwert der Wirkung und ein Vergleichsglied bildet den Unterschied zum Soll-Wert; dieser Unterschied sollte verschwinden. Indem man die Größe der Differenz zur Einstellung heranzieht, kann man dieses Ziel erreichen. Beim Regulator wird der Ist-Wert durch rotierende Kugeln kontrolliert. Wenn die Drehzahl durch ein Ansteigen der Belastung sinkt, verringert sich die Fliehkraft, die auf die Kugeln wirkt, und diese sinken daher ab. Über ein Gestänge wird von dieser Bewegung die Dampfzufuhr geöffnet, so daß die Drehzahl wieder steigt und den Sollwert erreicht. Geht die Belastung wieder zurück, so steigt die Drehzahl über den Sollwert hinaus an, die Kugeln heben sich und bewirken dadurch eine Reduktion der Dampfzufuhr. Abgesehen von der Zeit, die für die Korrektur gebraucht wird, läuft die Maschine daher mit gleichbleibender Drehzahl, mit dem Sollwert, und dies ganz automatisch, ohne daß man von Hand aus Schwankungen nachregeln müßte.

Der Steuermann folgt ganz genau diesem Schema. Ursache ist die Antriebskraft des Schiffes, Wirkung ist die Bahn. Ihr Ist-Wert wird durch Störungen verschiedener Art vom Soll-Wert abweichen. Das Auge des Steuermanns wirkt als Meßgerät, er weiß ja, wohin das Schiff soll, er schätzt den Unterschied ab und betätigt dementsprechend das Stellglied, nämlich sein Steuerrad. Ebenso folgt der Kühlschrank diesem Schema, unser treuer Kühlhalteautomat. Mit einem Drehknopf kann man die Soll-Temperatur einstellen. Wenn die tatsächliche Temperatur — der Ist-Wert — zu stark angestiegen ist, schaltet sich der Kühlmechanismus ein und arbeitet so lange, bis die Temperatur wieder den rechten Wert hat — ganz unabhängig von den Schwankungen des immer noch nicht vorhersagbaren Wetters.

Aber auch wenn wir nach etwas greifen, gilt die gleiche abstrakte Struktur: wieder schätzt das Auge die Differenz zwischen Ist-Wert (wo befindet sich die Hand?) und Soll-Wert (wo befindet sich der Gegenstand?) ab, das Gehirn leitet ein Steuersignal davon ab und bringt die Hand schließlich zu dem Gegenstand. Man kennt die Schwierigkeiten, die bei einer Störung des Vorgangs auftreten: im Finstern kann es zu argen Fehlleistungen kommen, und wenn infolge einer Krankheit die Hand zittert, kann es unmöglich werden, einen bestimmten Gegenstand zu ergreifen. Die Krankheit, die den Namen Parkinson schon vor dem Erscheinen des Erfolgsbuches über das *Parkinsonsche Gesetz* geführt hat (und mit dem Autor keinen Zusammenhang hat), erweist sich als Überschwingen eines Regelkreises. Norbert Wiener und zahlreiche kybernetische Autoren waren sehr optimistisch hinsichtlich der Anwendungsmöglichkeiten der Rückkopplungsschemata auf die Biologie und Medizin. Tatsächlich hat die Kybernetik ganz neue Aspekte eröffnet, neue Betrachtungsweisen. Wo früher der Chirurg gewissermaßen an den Einrichtungen des Regelkreises herumschnitzelte, sucht heute der kybernetische Mediziner den Regelkreis gut einzustellen. Blutdruck, Körpertemperatur, Zuckerspiegel: es gibt eine unerschöpfliche Reihe von Regelkreisen im Menschen. Aber der Körper ist eben nicht eine einfache Maschine, und deshalb ist die Anwendung technischer Theorien nicht so einfach, wie die Optimisten es erträumt hatten. Von Sensationen ist nur mehr selten die Rede, strenge wissenschaftliche Arbeit hat Platz gegriffen, und die Presse kann nur selten Neues berichten.

Ebenso schwierig ist es, die Regelkreise von politischen Problemen zu erkennen und in Anwendung zu bringen. Natürlich gibt es eine Reihe von Effekten, die zur Anwendung kybernetischer Strukturen einladen — da gibt es Zustände, die konstant bleiben sollten, aber von verschiedenen Kräften aus dem Gleichgewicht gebracht werden; solche Zustände sollten mit Hilfe von Stellgliedern davon abgehalten werden, in Schwingungen oder andere dynamische Entwicklungen zu geraten. Die Lohn- und Preisspirale ist eine derartige Struktur, man könnte die Mode so betrachten, man sollte das Verhältnis zwischen Gesetz und Verbrechen vielleicht kybernetisch untersuchen — die gemeinsame Schwierigkeit all dieser Anwendungsbeispiele steckt in einem unauffälligen Wörtchen der oben angegebenen definierenden Erklärung: in dem Wörtchen *quantitativ*. Nur so erfaßbare Ursachen, Wirkungen und Stellglieder machen die Anwendung der kybernetischen Werkzeuge sinnvoll; wer mit dem Vokabular der Kybernetik über quantitativ nicht oder noch nicht erfaßbare Größen und Erscheinungen redet, kann nichts hervorbringen als mythisches Gerede. Und weil kaum jemand zu glauben bereit ist, daß auch Technik und Computer durch Mythen vernebelt werden können, wird solches Gerede häufig unwidersprochen und ungestraft bleiben.

Man sollte scharf unterscheiden zwischen formaler und nicht formaler Kybernetik, zwischen jener, die zwischen streng definierten quantitativen oder logischen Größen streng definierte Beziehungen herstellt, und jener, die durch ungewohntes Vokabular anregt oder schockiert. Die erstere ist Wissenschaft, die letztere ist keine. Das bedeutet nicht, daß man sie ablehnen müßte; unter dem Deckmantel des honorig-griechischen und modern-faszinierenden Wortes Kybernetik kann sich der seriöseste Fachmann Ausflüge ins Spekulative erlauben, die ohne diesen Schutz äußerst riskant werden. Abzulehnen ist nur die Vermischung beider Arten, das Vortäuschen quantitativ-logischer Relationen, wo das Meßverfahren dazu nicht existiert.

Noch schlimmer ist es, so zu tun, als wären quantitativ-logische Relationen für sämtliche Bereiche des menschlichen Geistes die einzig statthaften Beschreibungsmittel, und jede andere Meinung als intolerant zu diffamieren. Auch die beklagenswerte Unterschätzung von Naturwissenschaft und Technik im heutigen Schulwesen berechtigt nicht dazu, die wichtigste Regelschleife des Naturforschers außer Betrieb zu setzen: jene der Selbstkritik. Was man nicht allgemein beweisen kann, fordert der Philosoph Karl Popper, muß man wenigstens gewissenhaft zu falsifizieren versuchen, das heißt man muß genügend viele Versuche machen, Fehler in seinen Schriften und Ansichten zu finden, und man darf nur das uneingeschränkt gelten lassen, was der kritischen Gegenprobe standhält. So beweist ein Beispiel gar nichts (wie ein israelisches Sprichwort lautet), aber es genügt, um einen allgemeinen Satz zu widerlegen.

Leider kann man Norbert Wiener nicht alle Schuld an den mythischen, quasi-weltanschaulichen Zügen eines gewissen Schrifttums absprechen. Er hat nicht sehr viel für die Abgrenzung seines Lieblingsgebietes getan und vor allem: seine Definition ist vieldeutig. Dies beweist wieder einmal, daß auch ein Mathematiker nicht in allen Äußerungen präzis sein muß; man kann eben über Ungenaues genau reden und über präzise Dinge äußerst unpräzise Äußerungen machen. Ganz besonders, wenn man sich nicht in formaler, sondern in natürlicher Sprache ausdrückt.

Das Wörtchen *und,* das im Untertitel Norbert Wieners *Cybernetics* zweimal vorkommt, erweist sich bei näherer Betrachtung als lästig vieldeutig. Es kann das Gemeinsame herausholen (logisch gesprochen: den Durchschnitt bilden) oder aus zwei Begriffen ein Gemeinsames aufbauen (logisch gesprochen: die Vereinigung bilden). Für die Kybernetik bedeutet dies ein ganzes Spektrum von Auffassungen (Abb. 72). Unterscheidet man Biologie und

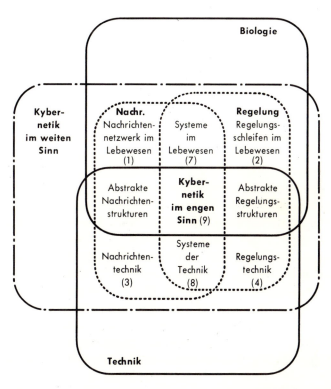

Abb. 72 Die Kybernetik hat viele Definitionen. Kybernetik im weitesten Sinn: alles, was Biologie und Technik, Nachrichtenkreise und Regelkreise betrifft. Kybernetik im engsten Sinn: nur das, was Biologie und Technik, Nachrichtenkreisen und Regelkreisen gemeinsam ist

Technik, Informationsverarbeitung und Regelung, so erhält man neun Teilfelder, die man wie folgt beschreiben kann:
1. Nachrichtennetzwerke im Lebewesen
2. Regelungsschleifen im Lebewesen
3. Nachrichtennetzwerke der Technik
4. Regelungstechnik
5. Abstrakte Strukturen von Nachrichtennetzwerken
6. Abstrakte Strukturen von Regelungsnetzwerken
7. Systeme in Lebewesen
8. Systeme der Technik
9. Das Gemeinsame der unter 1—8 aufgeführten Gebiete ist die Kybernetik im engeren Sinn.

Wird aber der Titel als Bildung der Vereinigungsmenge aufgefaßt, so ergibt sich eine Definition mit einem so weiten Sinn, daß man sich fragen muß: was gehört nun *nicht* mehr zur Kybernetik?

Die Klärung der Begriffe ist nicht leicht. Als Gegenstücke zur exotisch schillernden Kybernetik hat man die facettenreiche Informatik und den wenig helfenden Ausdruck *Computerwissenschaften*. Der Ausdruck *Informationsverarbeitung* ist lang, dafür aber kann er so verstanden werden, wie die Alltagssprache es erwarten läßt: Information läuft in die Maschine und wird dort verarbeitet. Als Ergebnis kommt andere Information heraus: das Rechenergebnis, das Suchergebnis, der logische Schluß, der umgearbeitete Text. Die Computerwissenschaften sind alle jene Gebiete, die für den Entwurf, die Herstellung und die Benützung von Computern maßgeblich sind.

Ausgerechnet die Informationstheorie aber gehört nicht zu diesen Wissenschaften, fast nicht. Daran ist der Erfinder der Informationstheorie, Claude Shannon, übrigens unschuldig. Er hat sie ursprünglich unter dem Namen *A Theory of Communication* veröffentlicht, und da war die Nachrichtenübertragung gemeint. Es geht um die Verminderung von Übertragungsstörungen mit Hilfe der mathematischen Statistik. Ganz folgerichtig wurde die Informationstheorie im Laufe der Jahre den Ingenieuren entzogen und zu einem Teilgebiet der mathematischen Statistik. Der Hauptbegriff der Informationstheorie ist die *Kanalkapazität*, ein Maß für das Maximum an Zeichen, das bei gegebener Störhäufigkeit des Übertragungskanals über diesen befördert werden könnte, wenn man die Verschlüsselungsmethode wüßte. Meist weiß man sie nicht. Für den Computer bleibt von dieser Theorie nicht viel mehr übrig als der Begriff *Bit*, die Entscheidung zwischen zwei Möglichkeiten, die in den Anfangskapiteln ganz ohne Theorie eingeführt wurde und in dieser Form auch dem gewiegtesten Fachmann genügt.

Ein besonderer Begriff ist die *Informatik.* Dieses Wort hat sich vor vielen Jahren eine deutsche Firma schützen lassen, weil sie ein *Informatik-Werk* eröffnete. Nunmehr ist das Wort für Zwecke der Forschung und des Unterrichts freigegeben, und es scheint sich als Name für eine Studienrichtung durchzusetzen, der es um das Wesen des Computers geht. Nicht um die Herstellung der Schaltungen, die ja von Mathematikern, Physikern und Fertigungsingenieuren praktiziert wird, und nicht um die für den Computer geeigneten mathematischen Berechnungsverfahren, die beim praktischen Mathematiker in besten Händen sind. Sondern um die fachgerechte Denkweise beim Entwurf der Betriebsprogramme und der Betriebsorganisation des Computers, bei der Planung der Gesamtanlage und der Anwendungskonzepte. Das neue Gebiet ist zwischen Mathematik und Technik zu suchen; die Objekte sind mathematisch-abstrakter Natur, Bausteine, die vor dem Erscheinen des Computers nur von Mathematikern verwendet wurden — die Betrachtungsweise aber ist die des Ingenieurs. Denn es geht nicht darum, die perfekte Eleganz eines geschlossenen mathematischen Feldes zu erreichen (diesem *Irrtum* verfiel man großteils in Amerika beim Aufbau der Studienrichtung *Computer Science,* die in einer Theorie der Unberechenbarkeit endete). Wichtig ist vielmehr die Kombination der vom Mathematiker gelieferten Systeme zum Zweck des praktischen Funktionierens und der zeitgerechten Fabriksauslieferung — wie immer im Ingenieurberuf. Nur daß der Informatik-Ingenieur mit Programmteilen operiert und ihr Schicksal in den Schaltkreisen abschätzen können muß. Diese ungewohnte Forderung läßt sich weder mit den Traditionen der elektrotechnischen noch jenen der mathematischen Abteilungen unserer Universitäten und Technischen Hochschulen erfüllen. Man müßte unabhängig beginnen können (und hätte dann Schwierigkeiten mit den Lehrstuhlbesetzungen). Das ist ein sehr hartes Problem, von dessen Lösung nicht nur die Zukunft des Computers in Europa abhängt, sondern auch die Zukunft Europas.

Kehren wir aber zur Kybernetik zurück. Es ist zu hoffen, daß der Leser nach unseren Ausführungen sich der engsten Definition zuneigen wird: Die Kybernetik wird dann das Studium dessen, was Biologie und Technik, Informationsverarbeitungs- und Regelungsnetzwerken gemeinsam ist — eine sehr abstrakte Über-Wissenschaft, die aber als formale Brücke zwischen allen denkbaren Gebieten zu wirken vermag und deshalb nichts an Faszination einbüßt, aber an Verläßlichkeit gewinnt.

An dieser Stelle sei eine Bemerkung über die Benützung des Wortes Kybernetik in den USA und in der UdSSR eingefügt. In den USA hat sich das Wort Kybernetik viel weniger eingebürgert als in Europa. Man braucht dort keine Schützenhilfe, wenn man Fakultätsgrenzen überschreiten will — das kann sich dort jeder leisten. Man spricht lieber von Bionik oder von Künstlicher Intelligenz (*intelligence* hat auch eine etwas andere Bedeutung als Intelligenz!). Der Kommunismus hat die Kybernetik zuerst als typisch amerikanischen Unsinn abgetan, einschlägige Arbeiten wurden nicht geplant und daher auch nicht finanziert. Bis plötzlich die dialektische Philosophie die Kybernetik in ihr Lehrgebäude absorbierte, und zwar in einem sehr weit gefaßten Sinn, fast als die Vereinigungsmenge in der Abb. 72. Geradezu über Nacht entstanden durch Umorganisation riesige Institute für Kybernetik, zum Beispiel jenes in Kiew, das heute über 2 000 Mitarbeiter hat und ein führendes Zentrum der Computer-Entwicklung und der Computer-Programmierung der UdSSR geworden ist. Dort gehört also die Computer-Wissenschaft zur Kybernetik, wenngleich führende Wissenschaftler von dieser Nomenklatur allmählich abgehen möchten.

Für den mitteleuropäischen Fachmann ist also der Computer ebensowenig ein kybernetisches Gebilde wie für seinen amerikanischen Kollegen. Die Lehre vom Computer, seiner Programmierung und seiner Anwendung gehört dementsprechend für ihn nicht zur Kybernetik — Informationsverarbeitung und Kybernetik sieht er auf keinen Fall als gleichbedeutende Ausdrücke an. Wohl aber kann der Computer selbstverständlich für kybernetische Untersuchungen eingesetzt werden, er kann Teil von kybernetischen Strukturen sein und als kybernetisches System programmiert sein. Wir haben in Wien alle kybernetischen Grundmodelle im *Mailüfterl* programmiert. Und was weder eine natürliche noch eine künstliche Schildkröte kann, das kann ein Schildkröten-Programm: bei den Versuchen gleich auch ein Protokoll über die Versuchsreihe und sein eigenes Verhalten schreiben — es genügt ein einfaches Zusatzprogramm.

Die kybernetischen Grundmodelle

Fassen wir die kybernetischen Grundmodelle noch einmal zusammen. Nach 1950 gab es plötzlich Greifbares zu Wieners Buch — unabhängig von ihm und in der Thematik nicht sofort als zugehörig erkennbar. Das waren, mit ihren populären Namen aufgezählt,

die künstliche Schildkröte von W. G. Walter,
die Maus im Labyrinth von C. E. Shannon und
der Homöostat von W. R. Ashby.

Die Maus im Labyrinth ist im Abschnitt über die Grundbegriffe ausführlich beschrieben worden und die künstliche Schildkröte in jenem über Mensch und Maschine. Es bleibt also noch der Homöostat näher zu erklären. Bevor aber die Einzelheiten erklärt werden, noch einige allgemeine Dinge.

In allen drei Fällen wurden Funktionsschemen der Natur in präzise Regeln gefaßt, meist von Physiologen, denen jeder Gedanke an ein elektronisches Modell völlig fern lag. Erst dann wurden aus den biologisch gehaltenen Vorschriften technisch-elektronische gemacht und als Schaltkreise verwirklicht. Der Wert solcher Modelle liegt also nicht darin, daß eine Erkenntnis aus ihren Funktionsabläufen zu gewinnen wäre — wenngleich der Anblick des Ablaufes im technischen Modell ungleich klarere Vorstellungen zu geben vermag als die recht schwierige Beobachtung von lebenden Tieren, die nicht nur von einer Funktion in die andere wechseln, sondern in der Regel mehreren Funktionsabläufen gleichzeitig folgen, so daß man sie nur mit Mühe trennen kann.

Der Wert der Modelle liegt in ihrem Entwurf. Denn für das technische Modell kann man sich an keiner Stelle mit einem vagen Übergang in der Beschreibung helfen — man muß einfach den technisch verwirklichbaren Algorithmus herausarbeiten.

Von den Modellen her erscheint die Kybernetik also definierbar als die Kunst, biologische Funktionsabläufe algorithmisch zu formulieren, so daß man sie — zum Beispiel — als elektronische Schaltkreise und Geräte bauen kann. Sie erscheinen dann vom biologischen Hintergrund getrennt, dafür aber übertragbar auf andere Anwendungsgebiete — ja das Modell lädt zu Übertragungsversuchen geradezu ein und noch mehr der zugrundeliegende Algorithmus, die Struktur von Zusammenhängen.

Ultrastabilität — die Superkonstanthaltung

Betrachten wir noch einmal einen der Regelmechanismen des menschlichen Körpers, diesmal den für die Durchblutung — wobei eine starke Vereinfachung eines komplizierten Vorganges erlaubt sei. Wenn man etwa im Winter ins Freie tritt, strahlt das Gesicht Wärme ab, die durch den Blutkreislauf zunächst automatisch ersetzt wird. Aber dieser Automatismus hat seine Grenzen. Wenn der Blutkreislauf Gefahr läuft, zu sehr abzukühlen, kann ein weiterer Wärmeverlust nicht mehr kompensiert werden — der Körper wäre gefährdet. Rechtzeitig setzt eine übergeordnete Kontrollschaltung ein, ein Funktionsschema, das der amerikanische Physiologe Walter B. Cannon als Homöostase bezeichnet hat. Es führt zu einer Superstabilität, die nicht nur regelt, sondern auch die Funktionsebene wechselt. In unserem Beispiel bringt ein innerer, kaum bewußt werdender Impuls den Körper dazu, durch Reiben, Gehen oder andere Bewegungen Wärme zu erzeugen und so den Verlust auszugleichen.

Der britische Biologe W. Ross Ashby hat die von Cannon beschriebene Verhaltensstruktur als technisches Gerät verwirklicht; er nannte das Gerät Homöostat, und für die Superkonstanthaltung prägte er den Ausdruck *Ultrastabilität*. Das Gerät hat vier Zeiger, die aber nicht über einer Skala kreisen, sondern in einem flüssigkeitsgefüllten Bogen, der als Spannungsteiler wirkt. Der Zeiger nimmt daher eine Spannung auf, die der Zeigerposition entspricht. Die Spannung wieder steuert eine Röhre, deren Strom daher der Zeigerposition entspricht. Die Größe dieses Stromes wirkt nun auf die Einstellmagneten aller Zeiger, mit einem relativen Anteil, der entweder von außen eingestellt werden kann — das würde den Signalen der Sinnesorgane entsprechen — oder von inneren Stromverteilern — das würde die Verschaltungen des Nervennetzwerkes darstellen. Wenn man das Gerät einschaltet, beginnen die vier Zeiger zu kreisen, einer beeinflußt den anderen, bis sie entweder einen eingeschwungenen Ruhezustand finden oder bis mindestens einer der Zeiger lange genug an einem Ende seines Ausschlagbereiches stehen bleibt, um dem inneren Fortschaltmechanismus Gelegenheit zu geben, zum nächsten Zustand weiterzuschalten. Das Kreisen der Zeiger beginnt unter neuen Verkoppelungsbedingungen, und so geht es weiter, bis ein stabiler Zustand gefunden ist.

Da dieses Modell keinen Speicher hat, kann man ihm kaum Lernfähigkeit zuschreiben. Dafür aber hat diese Struktur die Eigenschaft der Gewöhnung. Zupft man einen Zeiger ganz schwach, dann reagieren auch die anderen ein wenig. „Stört" man den Homöostaten etwas stärker, dann verläßt er den stabilen Bereich, das Suchen beginnt wieder. Nach einigen Versuchen gleicher Störungsstärke mag das Gerät einen Bereich finden, in welchem diese Störungsstärke nicht mehr zum Verlassen des stabilen Bereichs führt — der Homöostat hat sich an diesen Grad der Störung gewöhnt. Von einer gewissen Störungsstärke an ist die Gewöhnung nicht mehr möglich. Dieses Verhalten entspricht jenem des Organismus — der Homöostat zeigt es, obwohl sein Konstrukteur es nicht plante.

Daran kann man sehen, daß das häufige Argument, ein Automat könne nur das, was ihm eingebaut oder befohlen wird, weder ganz zutrifft noch viel nützt. Erstens zeigen Konstruktionen und Programme häufig Eigenschaften, die als unerwartete Konsequenzen völlig anderer Absichten gelten müssen, und zweitens wissen Konstrukteure und Programmierer keineswegs immer genau, was sie zusammenbauen.

Um die Dynamik der Homöostaten in ihren Auswirkungen deutlich zu machen, wurden der Wiener Ausführung zwei Zusatzgeräte angeschlossen, ein Gesicht aus Plastik, das Mundwinkel, Augen und Augenbrauen entsprechend den Zeigerbewegungen verändert, und ein Sichtgerät mit zwei Lichtpunkten, deren Koordinaten (links-rechts, oben-unten) von den Zeigerbewegungen gesteuert werden. Dieses System verhält sich in einer Einstellung wie Katze und Maus — ein Punkt verfolgt den andern und dieser flüchtet — und in der anderen wie zwei Boxer, die immer wieder aufeinander losgehen.

Die Lehrmaschine von Gordon Pask

Das Studium dieser elementaren Lernautomaten und die vielen anderen, die seit 1950 vorgeschlagen und gebaut wurden, hat für Technik und Biologie, für Psychologie und industrielle Anwendungen wertvolle Erkenntnisse gebracht, aber auch die Grenzen kybernetischer Methoden und Hoffnungen deutlich gemacht. Ähnliches gilt für die Lehrmaschinen. Wieder stellen wir eine frühe und elementare Ausführung vor, deren Nützlichkeit sofort eingesehen werden kann (denn nicht alle vorgeschlagenen Strukturen haben sich bereits auch als anwendungsfähig erwiesen). Es ist das eine Maschine von Gordon Pask, mit deren Hilfe man das Lochkartenlochen erlernt; Pask hat seine Theorien indessen viel weiter entwickelt, aber darauf kann nicht eingegangen werden. Die einfache Lehrmaschine, die Pask schon im Jahre 1956 vorgeführt hat, reagiert auf den Schüler in einer Weise, die keinem menschlichen Lehrer möglich ist — weil er nicht Zeit genug hat und weil er nicht so genau messen kann, wie gut der Schüler weiterkommt.

Eine industriell gefertigte Lernanlage, die auf Pasks Vorarbeit beruht, hat den Namen SAKI (Solartron Automatic Keypunching Instructor) und besteht aus drei Teilen, aus dem Anzeigegerät, aus der Tastatur und aus dem Steuerteil (Abb. 73).

Ein Lehrprogramm ist vorbereitet, das den Kandidaten in angepaßten Schritten immer schwierigere Aufgaben vorlegt; unter anderem wird vom Steuerteil eine von den bisherigen Erfolgen abhängige Anzeige hervorgerufen, welche Karte in das Anzeigegerät als nächste eingelegt werden soll. Das Anzeigegerät markiert eine der vier Übungszeilen, deren jede aus 24 Zeichen besteht. Diese soll der Lernende nun eintasten. Jeder Ziffer ist eine Taste, jedem Buchstaben eine Kombination zweier Tasten zugeordnet (siehe den Lochkarten-Code in Abb. 37). Am Beginn erhält der Lernende eine gewisse Hilfsinformation, die je nach seinen Fortschritten langsam abgebaut wird: die richtige Taste oder das richtige Tastenpaar wird beleuchtet. Auch die Fortschaltgeschwindigkeit wird allmählich erhöht. Der Lernende soll eine Reaktionszeit von 0,2 sec erreichen. Wenn er allzu spät reagiert, läßt sich die Taste nicht mehr drücken und der Steuerteil registriert einen Fehler. Das führt aber nicht zu einer schlechten Note, sondern zu einer Verlangsamung oder zur Rückkehr zu einer leichteren Zeile. Wenn die Fehler zurückgehen, wird das Programm wieder rascher und stellt schwierigere Aufgaben. Man wird zugeben, daß kein Lehrer in dieser dynamischen Weise auf die Eigenheiten und den Fortschritt des Lernenden einzugehen vermag.

Aus dieser Sicht muß die Lehrmaschine beurteilt werden — aus ihren Fähigkeiten, gewisse Dienste besser zu erfüllen als der menschliche Lehrer, und nicht mit Vorurteilen, die von unsoliden Berichten über phantastische und unsinnige Vorhaben noch aufgeheizt werden. Die Arbeit, die der menschliche Lehrer bei jedem Schüler und in jedem Jahr von neuem investieren muß, kann im Computer eingespeichert und beliebig oft aktiviert werden. Wenn für ein Lehrprogramm lange Vorarbeit geleistet wurde und von ausgezeichneten Fachleuten, kann davon jeder Schüler profitieren, der sich an die Konsole setzt. Zieht man dazu noch in Betracht, daß der Standard der Lehrer und des Unterrichts aus allerlei Gründen nicht eben ansteigt — Arbeitszeitverkürzung, Nebenverpflichtungen, der Sog der Computerentwicklung (die viele Mathematiker von der Schule abzieht), mangelnde Konzentrationsfähigkeit des Durchschnittsschülers, wuchernder Lehrstoff, — dann wird man der Lehrmaschine nicht nur eine Chance geben, dann wird sie als unentbehrliches Hilfsmittel für die Verbesserung des Unterrichts erscheinen.

Lernende Automaten und Lehrautomaten sind echte Vertreter von kybernetischen Maschinen. Bei ihnen spielt die Rückkopplungsschleife eine wesentliche Rolle — gerade an der Anlage von Pask ist der geschlossene Kreis zwischen Lehrmaschine und Lernendem klar zu erkennen — und auch der interfakultative Charakter steht außer Zweifel. Man muß sich nur zum Wesentlichen durcharbeiten, um den Nutzen der Kybernetik bei solchen Anwendungen zu begreifen und um an den Übertreibungen vorbeihören zu können, die von Überoptimisten und von Scharlatanen zugemischt werden.

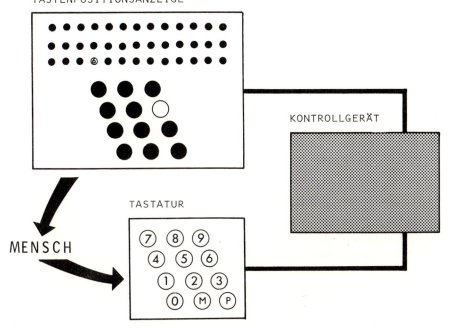

Abb. 73 Die Lehrmaschine von Gordon Pask für das Erlernen des Lochens. Der Schüler bedient die Tastatur laut Anzeige. Das Programm richtet sich nach seinen Erfolgen und Mißerfolgen und bringt ihn daher zum optimalen Fortschritt

Definitionen der Kybernetik

Norbert Wieners Definition ist nicht die einzige geblieben, und es ist auch gar nicht sicher, daß die Kybernetik das geworden oder das geblieben ist, was ihm vor mehr als zwanzig Jahren vorschwebte. Die Konfrontation von Biologie und Technik, der Welt des Lebendigen mit der Welt des Konstruierten zum Beispiel hat viele Aspekte, und man könnte die Kybernetik als die Summe der gegenseitigen Beziehungen definieren.

Aber auch das interfakultative Gespräch, aus dem das Buch *Cybernetics* entstanden ist, könnte eine Definition liefern. Es ist schon erwähnt worden, daß die bunte Welt, in der wir leben, aus der Kombination von ca. 90 Elementen besteht, und daß alle Texte — Dichtung, wissenschaftlicher Artikel, Zeitungsmeldung, Tagesgespräch, was immer es ist — durch die Kombination von 26 Buchstaben, 10 Ziffern und einigen Sonderzeichen festgehalten werden können. Ist es da unangebracht, die Frage zu stellen, ob nicht auch in der Welt des Geistes eine bescheidene Anzahl von Bausteinen in ihrer Kombination die ganze Vielfalt aufzubauen gestattet? Die Philosophie des *Wiener Kreises,* der logische Positivismus, dachte, das seien die Protokollsätze — Grundbehauptungen, die mit voller Klarheit zutreffen oder nicht. Aus ihnen könne man durch logische Kombination das logische Bild der Welt hervorbringen. Aber so einfach ist es nicht: die Wirklichkeit zerfällt nicht in objektive Ja-Nein-Entscheidungen. Aber der Gedanke, daß auch in der Welt des Geistes Grundbausteine existieren und daß unser Denken auf der Kombination von solchen Bausteinen beruht, ist damit nicht widerlegt. Die Kybernetik könnte als die Wissenschaft vom Auffinden solcher Grundschemata verstanden werden; sobald man sie von den Spuren der umgebenden Landschaft reinigt — das heißt, sobald man sie abstrakt genug darstellt — lassen sie sich dann von einem Fachgebiet in alle andern übertragen und dort anwenden. In dieser Form ist der Wunsch nach der Einheit zumindest der Naturwissenschaft immer noch legitim, und die Kybernetik könnte ihn unter Zuhilfenahme des Computers erfüllen.

In dieser Sicht freilich verändert sich die Definition der Kybernetik noch einmal; sie wird zur Wissenschaft von den abstrakten Modellen, mit denen man den Ablauf der Welt verstehen kann — der lebendigen wie der konstruierten — und die Welt wird aus dieser Sicht zu einem Universum von verketteten Prozessen. Der Computer, der stets gebieterisch nach letzter Klarheit verlangt (andernfalls verlegt er sich auf die Produktion überlebensgroßen Unfugs), verlangt auch von der Kybernetik messerscharfe Begriffe und ebensolche Verknüpfungen. Nur die formale Kybernetik kann vor der Logik seiner Schaltkreise bestehen. Nun könnte man auch von der Wissenschaft der verallgemeinerten Algorithmen sprechen, in denen unser Verständnis der Welt formuliert werden muß, damit es im und um den Computer angewendet werden kann. Die Welt erscheint als Universum von verketteten Algorithmen.

Abb. 74   Die Stadt — ein System. Wasser- und Energieversorgung, Abwässer und Müllabfuhr, öffentlicher und privater Verkehr, Post und Telephon, Bibliotheken und Gärten: in der großen Stadt gibt es viele Systeme mit Speichern, Transporten und Programmen, die voneinander abhängen. Alle Systeme zusammen bilden wieder ein System

Abb. 74

Schlußwort

Wir haben zu zeigen versucht, daß gerade vor der logisch-mathematischen Perfektion der Computerprozesse das Bild des Menschen, der sich dieser Maschinerie bedient, in neuem Licht erscheint. Seine Imperfektion erweist sich als überlegen, weil der Computer Perfektion und Routine als gleichbedeutende Begriffe ausweist. Die technische Beherrschung von Material, Energie und Information kann daher nicht Selbstzweck sein, sondern nur ein Mittel, durch Routine hindurch zu höherer Freiheit zu gelangen. Die Welt ist eben mehr als ein Ensemble von Algorithmen, mehr als ein Netz von Rückkopplungsschleifen.

Ein ganz kurzer Blick in die Philosophie kann den passenden Schlußgedanken liefern. In seinem *Tractatus Logico-Philosophicus* hatte im ersten Weltkrieg der österreichische Philosoph Ludwig Wittgenstein den kühnen Versuch unternommen, mit Hilfe der Logik die Philosophie zu einem endgültigen Abschluß zu bringen: die klare Sprache als logisches Bild der Welt — eine Vorwegnahme der Abbildung der Welt durch den Computer in Form von Ja-Nein-Entscheidungsketten.

Eine einfache Geste — eine jener Handbewegungen, die mehr auszudrücken vermögen als zehn Algorithmen — als Argument in einem Streitgespräch machte Wittgenstein eines Tages klar, daß die lebendige Sprache von anderer Natur ist als der logische Formelapparat, mit dem er die Welt zu erfassen versucht hatte. Er schrieb eine zweite und ganz andere Philosophie, in welcher sein *Tractatus* als klares, aber begrenztes Modell erscheint, um das herum die Wirklichkeit der lebendigen Welt und des menschlichen Geistes das eigentliche Universum bildet.

Und so wollen wir auch den Computer gezeigt haben: als klares und hilfreiches, aber begrenztes Modell, nützlich und mächtig, aber in unseren Händen bleibend: ein Werkzeug der Information, das uns Routinen abnimmt, nicht aber die Verantwortung für sie.

Anhang

Komprimierte Geschichte des Automaten
Komprimierte Geschichte des Computers
Einige Begriffe
Namenverzeichnis
Bildnachweis

Komprimierte Geschichte des Automaten

1100	vor Chr. Verwendung von Rechenstäbchen in China nachweisbar.
1000	vor Chr. Phöniker erfinden die Buchstabenschrift.
100	Heron schreibt das erste Handbuch der Automatisierung und baut zahlreiche Automaten.
700	Übergang vom Rechenstäbchen zum Rechenbrett in Ostasien.
1200	Suan-Pan erreicht in Ostasien seine heutige Gestalt (Abb. 62).
1270	Logische Maschine von Lullus.
1350	Turmuhren und in Verbindung damit Glockenspiele.
1509	Leonardo da Vinci baut angeblich einen automatischen Löwen, der bei einem Fest vor König Ludwig XII von Frankreich seine Brust öffnet und ein Lilienwappen zeigt.
1510	Taschenuhren.
1555	Uhr des Imsser, heute im Technischen Museum in Wien.
1600	Tischautomaten, Musikautomaten.
1623	Schickart baut die erste urkundlich nachweisbare Rechenmaschine der Welt und beschreibt sie in einem Brief an Kepler. Es handelt sich bereits um eine Vierspezies-Rechenmaschine, die aber noch nicht vollautomatisch arbeitet.
1641	Pascal baut eine Addiermaschine.
1673	Leibniz erfindet die Staffelwalze und die erste Vierspezies-Rechenmaschine mit Stellenverschiebung und Quotientenwerk. Die Zehnerübertragung im Ergebniswerk funktionierte nur unzureichend.
1709	Poleni veröffentlicht eine Beschreibung seiner Sprossenradmaschine in *Machinae aritmeticae*.
1726	Swift macht sich in *Gullivers Reisen* über die Denkmaschine lustig.
1727	Braun widmet Kaiser Karl VI eine Vierspezies-Rechenmaschine in Dosenform mit zentralem Schaltwerk, die bis heute und sehr verläßlich arbeitet.
1728	Falcon erfindet die Lochkartensteuerung von Webstühlen.
1738	Vaucanson hat drei Automaten fertiggestellt, darunter den künstlichen Enterich; er verbessert die Lochkartensteuerung von Webstühlen.
1748	La Mettrie schreibt sein Buch *L'homme machine*.
1756	Knaus beginnt mit der Entwicklung der ersten Schreibautomaten. Er baut insgesamt 4 Modelle in Analog-Digitaltechnik, welche Texte bis zu 68 Buchstaben schreiben können. Aus seinem Nachlaß erwerben die Habsburger die Ritterspieluhr.

1769	Kempelen baut eine Sprechmaschine und den Schachspiel-Automaten, den er nie für echt ausgibt, dessen Geheimnis er aber hütet.
1774	Jaquet-Droz, Vater und Sohn, bauen einen Schreiber, einen Zeichner und eine Orgelspielerin.
1783	Jean Paul schreibt den *Maschinenmann*.
1784	Evans baut in der Nähe von Philadelphia eine vollautomatische Getreidemühle.
1792	Hahn entwickelt die erste Vierspezies-Rechenmaschine, die zur Serienfertigung geeignet ist.
1808	Jacquard macht die Lochkartensteuerung des Webstuhls industriereif.
1833	Die Schiffszwiebackerzeugung des Britischen Marineversorgungsamtes läuft vollautomatisch.
1868	Maxwell gibt die Gleichungen für den Fliehkraftregler an.
1912	Torres y Quevedo baut den ersten echten Schachautomaten (Turm und König gegen König).
1947	Wiener schreibt das Buch *Kybernetik*.
1948	In Pasadena (California) findet das Hixon Symposium statt.
1949	6. Kybernetik-Konferenz der J. Macy Stiftung in New York; die Beiträge erscheinen erstmals in Buchform. Die zehnte Konferenz ist die letzte.
1950	Die kybernetischen Modelle werden gebaut, in England der Automat für den Bedingten Reflex (die *künstliche Schildkröte* und der Automat für die Ultrastabilität und Homöostase (der *Homöostat*), in Amerika der Automat für die künstliche Orientierung im Labyrinth (die *künstliche Maus*).
1954	Die VDI/VDE Tagung *Regelungsvorgänge in der Biologie* (Darmstadt) eröffnet eine Folge deutscher Kybernetiktagungen.

Komprimierte Geschichte des Computers

1822 Babbage beginnt mit dem Bau der Differenzenmaschine.
1833 Babbage beginnt mit dem Bau der Analytischen Maschine; die Idee des programmgesteuerten Rechenautomaten ist geboren.
1841 Lady Lovelace, die Tochter Lord Byrons, interessiert sich für die Maschinen von Babbage; sie wird zur ersten Programmiererin.
1847 Boole veröffentlicht ein Buch über die Abbildung von logischen Beziehungen auf gewöhnliche algebraische Formeln *(The Mathematical Analysis of Logic)*.
1871 Babbage stirbt verbittert; seine Idee war der Zeit zu weit voraus.
1879 Frege analysiert in seinem Buch über *Begriffsschrift* logische Schlußmethoden in der Mathematik.
1882 Hollerith beginnt seine Arbeiten; die Lochkartenmaschine wird geboren.
1890 Holleriths Maschinen werden für die Auswertung der amerikanischen Volkszählung von 1890 benutzt.
Auch das Wiener Statistische Zentralamt beschließt, Lochkartenmaschinen anzuwenden. Schäffler führt Hollerithmaschinen nach Österreich ein und die Volkszählung von 1890 wird erfolgreich damit ausgewertet.
1895 Schäffler erhält ein Patent auf das Programmieren mit Hilfe von Telephonschnüren; die russische Volkszählung wird mit seinen Maschinen ausgewertet.
1903 Russel und Whitehead untersuchen die logischen Grundlagen der Mathematik *(Principia Mathematica)*.
1907 Torres y Quevedo schlägt eine formale Sprache für die Beschreibung von Rechenmaschinen vor.
1914 Watson tritt in die Hollerithmaschinen-Firma ein.
1919 Eccles und Jordan erfinden den Multivibrator.
1920 Torres y Quevedo koppelt eine Schreibmaschine, eine Rechenmaschine und einen mechanischen Speicher zusammen und schlägt einen Teilnehmer-Betrieb vor.
1924 Watson ändert den Namen seiner Firma auf International Business Maschines (IBM) um.
1928 Comrie verwendet kommerzielle Lochkartenmaschinen für eine wissenschaftliche Berechnung (die Monddaten für den Nautischen Almanach).

1928	Hilbert und Ackermann veröffentlichen das Buch *Grundzüge der theoretischen Logik*.
1928	Pfleumer (Dresden) erhält Patent über Magnetbandspeicher.
1931	Voltat schlägt die Verwendung des Binärsystems für Rechenmaschinen vor.
1933	Tauschek meldet ein Patent über zylindrische elektromagnetische Speicher an.
1935	Die Ideen von Babbage werden — im Zeitalter der Elektrotechnik — wieder aufgenommen, zum Beispiel durch Zuse in Berlin.
1936	Couffignal weist auf die Vorteile der Dualtechnik für ein einfaches Rechenwerk hin.
1936	Turing untersucht die Berechenbarkeit von Zahlen mit Hilfe eines abstrakten Automaten (Turing-Maschine).
1937	Aiken beginnt seinen ersten Relais-Computer.
1938	Shannon veröffentlicht eine Arbeit über Schaltalgebra. *(A Symbolic Analysis of Relay and Switching Circuits.)*
1938	Zuse stellt ein funktionsfähiges Modell mit einem mechanischen Speicherwerk fertig.
1940	Stibitz baut ein Relais-Rechengerät für komplexe Zahlen.
1941	Zuse stellt die erste voll arbeitsfähige programmgesteuerte Rechenanlage fertig, die Z3.
1943	Vater und Sohn Dirks entwickeln den Magnettrommelspeicher.
1944	Die IBM baut eine Relais-Rechenmaschine. Aiken vollendet seine Mark I.
1945	Zuse stellt die universelle Rechenanlage Z4 fertig, die von 1950 bis 1955 an der ETH in Zürich und dann bis 1959 in St. Louis bei Basel arbeitet. Eckert, Mauchly und von Neumann entwickeln das bis heute gültige Konzept des Computers; das Programm wird im Hauptspeicher untergebracht und dadurch zur bearbeitbaren Information.
1946	Eckert und Mauchly stellen den ersten Röhren-Computer fertig, die ENIAC, eine Art Nachbildung einer Zahnrad-Rechenmaschine, mit über 18 000 Röhren und 200 kW Energieverbrauch; sie arbeitet bis 1955.
1947	Bardeen und Brattain entwickeln den Transistor.
1947	In USA beginnt die Entwicklung des Computers WHIRLWIND. Gruppen in Manchester und in Oxford sowie am National Physical Laboratory bei London arbeiten an Computern.

1948	IBM baut den Computer SSEC mit 12 500 Röhren und 21 400 Relais; sie liefert den elektronischen Rechenlocher IBM 604.
1949	Anfang der Computerentwicklung an Hochschulen in Deutschland (Göttingen, Darmstadt, München; Dresden).
1950	Aiken verwendet zum ersten Mal Magnetbandspeicher (Computer *Mark III*).
1951	Der erste industriell gefertigte Computer UNIVAC wird von der Firma Remington-Rand ausgeliefert.
1951	Forrester publiziert über Ferritkernspeicher und das Koinzidenzstrom-Prinzip.
1952	IBM baut den Defense Calculator, der als IBM 701 zum Stammvater der Reihe 700 wird.
1955	NORC, die schnellste Rechenmaschine dieser Zeit, wird fertiggestellt. In Wien beginnt die Planung für den Transistor-Rechenautomaten Mailüfterl. Erste internationale Rechenmaschinentagung der GAMM in Darmstadt.
1957	Die Programmierungssprache FORTRAN wird auf einer amerikanischen Tagung vorgestellt.
1958	Siemens liefert serienmäßig den Transistor-Computer 2002 aus. IBM bringt den Transistor-Computer 7070 heraus. Das ACM-GAMM-Komitée für die Programmierungssprache ALGOL tritt das erste Mal zusammen.
1959	Die amerikanische Regierung initiiert ein Komitee für die Entwicklung der kommerziellen Programmierungssprache COBOL. Angeregt von der UNESCO findet in Paris der erste internationale Computer-Kongreß (ICIP) statt.
1960	IFIP (International Federation for Information Processing) wird als Dachvereinigung der Computer-Gesellschaften gegründet.
1962	Der erste IFIP Kongreß findet in München statt.
1964	IBM stellt das System /360 vor, und die Programmierungssprache PL/I wird entworfen.
1966	In Wien wird die erste Fassung einer formalen Definition der Programmierungssprache PL/I fertiggestellt.
1968	Eine Arbeitsgruppe der IFIP schließt die Programmierungssprache ALGOL 68 ab.

Einige Begriffe

Begriffsdefinitionen auf dem Gebiet des Computers sind eine mehrere Jahre lange Arbeit für eine Kommission. Die hier von Dr. Peter Goldscheider zusammengestellten Begriffserläuterungen wollen nicht mehr sein als eine Lesehilfe. Wer die Terminologie genau kennen lernen will, muß die Ergebnisse der Kommissionsarbeiten studieren. Empfohlen wird das IFIP Fachwörterbuch der Informationsverarbeitung, das — auch auf deutsch — im North-Holland-Verlag, Amsterdam, erschienen ist.

Abakus: Ältestes Rechengerät, entstanden durch Aufreihen von Zählsteinchen auf Fäden oder Drähten. In China Suan-Pan, in Japan Soroban, in Rußland Schtschoty genannt und bis heute in Gebrauch.

Adresse: Nummer der Speicherstelle. Alle Speicherstellen in einem Speicher sind normalerweise einzeln adressierbar. Dadurch können die gespeicherten *Instruktionen* und *Daten* über ihre jeweilige Adresse aufgerufen werden.

Adreßrechnung: Durch sie ist es möglich, *Adressen* systematisch zu verändern. Durch Addition oder Subtraktion wird eine Adresse modifiziert, eine neue Adresse relativ zu einer Basisadresse bestimmt. Die Adreßrechnung ist ein Mittel, um *Programme* flexibel zu gestalten und die Programmierarbeit zu reduzieren.

Algorithmus: Ein systematisch anzuwendender Satz von Ersetzungsregeln, der für eine Klasse von Problemen und Angaben mit Sicherheit zur Lösung führt. Beispiel: die Regeln, nach denen wir mehrstellige Zahlen miteinander multiplizieren.

Analogrechner: Benutzt die analoge Darstellung mathematischer Größen. Darunter versteht man die Darstellung von Zahlenwerten durch eine physikalische Größe wie Winkelstellung oder Spannung. Beispiel: Rechenschieber. Analogrechner sind in der Genauigkeit den Digitalrechnern, dem eigentlichen *Computer*, unterlegen, doch sind sie gut einzusetzen, wenn die zu verarbeitenden *Daten* bereits in analoger Form anfallen oder wenn Rechenergebnisse in analoger Form benötigt werden (Meßwerterfassung, *Prozeßsteuerung*).

Anweisung siehe *Instruktion*. In manchen *Programmierungssprachen* hat der Terminus *Anweisung* eine spezielle Bedeutung.

Ausgabeeinheit: Gerät, über welches die Verarbeitungsergebnisse und andere Information vom *Computer* ausgegeben werden können.

Automat: Selbsttätige Maschine mit Energieversorgung und Informationsverarbeitungsteil. Gewisse selbsttätige Vorgänge werden durch Auslösesignale in Gang gesetzt. Der *Computer* ist ein typisches Beispiel für einen Automaten.
Bauelement siehe *Schaltelement.*
Bedienungsfeld siehe *Konsol.*
Bedingter Befehl: Wird nur dann ausgeführt, wenn eine bestimmte logische Bedingung zur Zeit der Instruktionsausführung gegeben ist. Er entscheidet über den Fortgang des Programms an Verzweigungsstellen.
Befehl siehe *Instruktion.*
Belegleser: Mit diesem Gerät kann die Dateneingabe direkt vom Ursprungsbeleg her erfolgen. Es ist also nicht notwendig, Zwischen-*Datenträger* wie Lochkarte oder Lochstreifen zu erstellen.
Markierungsleser können auf Grund einer Hell-Dunkel-Unterscheidung die in bestimmten Markierungspositionen händisch eingestrichenen Markierungen lesen. *Magnetschriftleser* dienen zum Abtasten von Schriftzeichen, die mit magnetisierbarer Farbe auf den Beleg aufgedruckt wurden. *Klarschriftleser* sind auf Grund verschiedener Techniken in der Hell-Dunkel-Erkennung in der Lage, Zeichen einer genormten Schrift zu lesen. Weiterentwickelte Klarschriftleser eignen sich sogar für Handschrift.
Betriebssystem: Bestandteil der *Software* (Programmausstattung). Management-Programm, bestehend aus einem Komplex von *Programmen,* welche zur Koordination und Kontrolle sämtlicher Einheiten eines EDV-Systems dienen.
Bildschirm siehe *Sichtgerät.*
Binärcode: Ein *Code,* der zur Darstellung der zu codierenden Begriffe nur zwei verschiedene *Zeichen* bzw. Kombinationen dieser *Zeichen* verwendet, z. B. die Binärziffern Null (0) und Eins (1).
Binärsystem: Logisches System, Codesystem oder Zahlensystem, das sich auf einen Vorrat von nur zwei *Zeichen* (Binärzeichen) für die Darstellung aller Begriffe, Zahlen usw. beschränkt.
Ein Zahlensystem, welches nur zwei Ziffern verwendet, wird als binäres Zahlensystem oder Dualsystem bezeichnet.
Vergleich der Darstellung der Zahlen 0—10 im Dezimal- und Dualsystem:

Dezimalsystem	Dualsystem
0	0
1	1
2	10
3	11
4	100
5	101
6	110
7	111
8	1000
9	1001
10	1010

Bit (Ja-Nein Entscheidung): Die kleinste Einheit zur Darstellung binär verschlüsselter *Daten*. Mit einem Bit lassen sich die Binärzeichen 0 oder 1 darstellen.

Boolesche Algebra siehe *logische Algebra*.

Byte: Eine aus acht *Bits* gebildete, direkt addressierbare Speicherstelle. Mit Hilfe der 8 Binärziffern, welche in einem *Byte* untergebracht werden können, kann man 256 *Zeichen* in binär verschlüsselter Form darstellen. Kleinste adressierbare Speichereinheit.

Code: Eindeutige Zuordnungsvorschrift, nach welcher *Daten* durch *Zeichen* aus einem Zeichenvorrat dargestellt werden können. Ein und dasselbe Datenelement kann in verschiedenen Codes dargestellt werden.

Codieren: Umwandlung des in Form eines *Programmablaufplans* vorliegenden *Programms* in eine Folge von *Befehlen* (siehe bei *Instruktion*). Die Codierung erfolgt in einer *Programmierungssprache* und wird im *Computer* von einem *Übersetzungsprogramm* in die eigentliche *Maschinensprache* umgewandelt.

Compiler siehe *Übersetzungsprogramm*.

Computer: Datenverarbeitungsanlage, Datenverarbeitungssystem, EDV-Anlage, EDV-System, Elektronenrechner. Ein vorwiegend elektronisch arbeitender *Automat*, der mittels eines gespeicherten *Programms Daten* verarbeiten kann. Ein Computer besteht mindestens aus einer *Eingabeeinheit*, einer zentralen Recheneinheit mit angeschlossenem Hauptspeicher und einer *Ausgabeeinheit*.

Daten: (Einzahl: *Datenelement):* Werte mit Zuordnungskriterien, aus denen mit Hilfe der *Datenverarbeitung Informationen* für einen bestimmten Zusammenhang abgeleitet werden.

Datenbank: Zentraler Datenspeicher einer Organisation, der alle benötigten Daten in sinnvoller Anordnung auf *Direktzugriffsspeichern* enthält.

Datenbestand: Datenbestände ersetzen in der *EDV* die Karteien. Sie beinhalten die Gesamtheit aller zusammengehörigen *Daten,* die einen spezifischen Gegenstand bestimmen.

Datenendgeräte (Terminal, Datenstation): Terminals werden bei der *Datenfernverarbeitung* benützt. Es besteht oft die Notwendigkeit, *Daten* zu verarbeiten, die nicht in unmittelbarer Nähe des Computers entstehen oder benötigt werden. Die Terminals sind über Leitungen mit dem *Computer* verbunden und können je nach Ausstattung benutzt werden, um *Daten* ein- oder auszugeben. Gewisse Verfahren wie *Dialogverkehr* und alle *Echtzeitverarbeitungen* lassen sich anders nicht durchführen.

Datenfeld: Das Datenfeld ist die kleinste während der Verarbeitung benutzte Informationseinheit, z. B. ein *Ordnungsbegriff,* Name, Anschrift.

Datenfernverarbeitung: Datenverarbeitung, bei der die *Daten* mit Hilfe von Leitungen übertragen werden, weil *Datenverarbeitungsanlage* und *Datenendgeräte* sich an geographisch verschiedenen Orten befinden.

Datensatz: Eine sachliche und logische Einheit von *Daten,* die unter einem *Ordnungsbegriff* zusammengefaßt sind. Ein Datensatz besteht aus mehreren *Datenfeldern.*

Datenstation siehe *Datenendgerät.*

Datenträger: Medium, auf dem die *Daten* zur Verfügung stehen, z. B. Lochkarte, Klarschriftbeleg, Magnetplatte, Magnetband.

Datenverarbeitung: Die Ausführung einer systematischen Folge von *Operationen* mit *Daten.* Die *elektronische Datenverarbeitung (EDV)* verwendet weitgehend elektronische Hilfsmittel. Entsprechend den *Befehlen* eines *Programmes* werden im *Computer* aus den Eingabedaten die Ausgabedaten erzeugt.

Datenverarbeitungsanlage siehe *Computer.*

Dialogverkehr: Wechselseitiger Datenaustausch zwischen *Datenverarbeitungsanlage* und *Datenendgerät.*

Digitalrechner: Benutzt hauptsächlich die digitale Darstellung. Darunter versteht man die Darstellung des quantisierten Wertes einer *Variablen* mit Hilfe von Ziffern. Buchstaben und Sonderzeichen lassen sich nur in digitaler, nicht analoger Weise darstellen. Schon aus diesem Grund arbeiten alle im administrativen Bereich eingesetzten *Computer* digital.

Direkte Dateneingabe: Ein Verfahren, die Erstellung von Datenzwischenträgern zu vermeiden, ist die direkte Dateneingabe. Der Umweg der Erstellung von Datenzwischenträgern wie Lochkarte, Lochstreifen, wird vermieden. Die *Daten* werden sofort bei Anfall in den Computer übertragen. Dazu werden dezentrale *Datenendgeräte* benützt. Die direkte Dateneingabe ist eine Voraussetzung für den *Dialogverkehr* bzw. *Echtzeitverarbeitung.*

Direktzugriffsspeicher siehe *Externe Speicher.*

Drucker: Eine häufig verwendete *Ausgabeeinheit.* Bei den heutigen Schnelldruckern können bis zu 120 000 Zeilen in der Stunde gedruckt werden. Die *Daten* werden in Listenform auf sogenannte Endlosformulare gedruckt.

Echtzeitverarbeitung (Real-time-Verarbeitung): Schritthaltende Datenverarbeitung. Jeder Geschäftsvorfall wird sofort bei seinem Auftreten von der Datenverarbeitungsanlage verarbeitet. Meistens ist eine bestimmte Zeit vorgegeben, in der die Aufgabe beendet sein muß. Beispiele: *Prozeßsteuerung,* Sofortbuchungssystem einer Fluglinie oder eines Kreditinstitutes.

EDV: elektronische *Datenverarbeitung.*

Eingabeeinheit: Gerät, über welches dem *Computer Daten, Programme* und andere Information zur Verarbeitung zugeführt werden können.

Externe Speicher: Speichermedien, die nicht Bestandteil der *Zentraleinheit* sind. Sie sind über *Kanäle* oder feste Anschlußpunkte mit der *Zentraleinheit* verbunden. Die Ein/Ausgabesteuerung wird von *Steuereinheiten* vorgenommen. Die externen Speicher werden in *sequentielle* Speicher und *Direktzugriffsspeicher* eingeteilt: Direktzugriffsspeicher bieten neben der Möglichkeit, einen *Datenbestand* zu durchsuchen, um so zu einem gewünschten *Datensatz* zu gelangen, die Möglichkeit, diesen Satz sofort aufzusuchen. Beispiel: Ein Datenbestand ist aufsteigend sortiert und enthält Datensätze mit den *Ordnungsbegriffen* 0001 bis 1000. Ein bestimmtes *Programm* benötigt aus diesem Datenbestand den Datensatz mit dem Ordnungsbegriff 0950. Ist der Datenbestand auf einem sequentiellen Speicher (z. B. Magnetband) gespeichert, muß der Datenbestand von 0001 bis inklusive 0950 gelesen werden, bis der gewünschte Datensatz gefunden ist. Befindet sich der Datenbestand jedoch auf einem Direktzugriffsspeicher (z. B. Magnetplatte), kann der Datensatz 0950 nach verschiedenen Verfahren direkt angesprochen werden, wodurch die Zugriffszeit geringer ist; *Hardware* und *Software* müssen bei Verwendung des direkten Zugriffs höheren Anforderungen gewachsen sein.

Flußdiagramm siehe *Programmablaufplan.*

Geräteausstattung siehe *Hardware.*

Hardware: Die Geräteausstattung eines Datenverarbeitungssystems. Umfaßt alle technischen Einrichtungen (Einheiten), vgl. auch *Software.*
Hauptspeicher: Bestandteil der *Zentraleinheit.* Enthält *Programme* und *Daten,* die gerade für die Verarbeitung benötigt werden.
Hybridrechner: Kombination von Analog- und Digitalrechnern.
Instruktion (Befehl, Anweisung): Kleinste Funktionseinheit eines *Programms.* Drückt aus, was (welche *Operation*) womit (mit welchem *Operanden*) zu geschehen hat, z. B. 2 + 3 (Operation: Addition, Operanden: 2, 3).
Kanal: Übertragungseinrichtung, die an ihrem Eingang Nachrichten aufnehmen und an ihrem Ausgang abgeben kann.
Klarschriftleser siehe *Belegleser.*
Konsol (Bedienungsfeld, Abb. 75): Zusammenfassung aller wesentlichen Schalt- und Anzeigefelder einer Datenverarbeitungsanlage. Dient auch zum manuellen Eingriff in den Programmablauf. Besteht mindestens aus einem Steuerpult (siehe Abb. 72). Zur Erleichterung der Bedienung und zur Protokollierung der durchgeführten Arbeit ist meistens eine Konsolschreibmaschine an den *Computer* angeschlossen. Auch *Bildschirme* werden heute zur Systembedienung eingesetzt.
Konstante: Daten, die während der Verarbeitung nicht verändert werden.
Logische Algebra: Algebraisches System der Aussagenlogik, eine formale zweiwertige Logik, die es erlaubt, Ja-Nein-Aussagen operativ zu kombinieren, so daß logische Formeln entstehen. Wird auch als *Boolesche Algebra* bezeichnet: George Boole war ein englischer Mathematiker, der logische Beziehungen auf gewöhnliche algebraische Formeln abbildete. Die Anwendung der logischen Algebra auf die Schaltkreistechnik nennt man *Schaltalgebra;* mit ihrer Hilfe werden Schaltwerke systematisch entwickelt.
Magnetschriftleser siehe *Belegleser.*
Markierungsleser siehe *Belegleser.*
Maschinencode siehe *Maschinensprache.*
Maschinensprache (Maschinencode): Interne *Codierung* der *Befehle* (siche bei *Instruktion*) einer *Datenverarbeitungsanlage.*
Mnemotechnik: Bezeichnet alle Verfahren zur Unterstützung des menschlichen Gedächtnisses. Die Symbole der *Programmierungssprachen* für *Anweisungen* sind nach mnemotechnischen Gesichtspunkten gewählt worden. Dem *Programmierer* wird die Arbeit erleichtert, wenn für einen Addierbefehl statt einer binär dargestellten maschineninternen *Instruktion* die symbolische Anschreibung ADD verwendet werden

Abb. 75 Die Konsole eines modernen Computers: wo der Mensch mit all dem kämpft, was der Computer noch nicht automatisch macht

kann. Die Umschlüsselung in den maschineninternen *Code (Maschinencode)* wird vom *Übersetzungsprogramm* vorgenommen.

Operand siehe *Instruktion*.

Operation: Ausführung einer *Instruktion* durch den *Computer*. Man unterscheidet nach ihrer Funktion Ein- und Ausgabeoperationen, Übertragungsoperationen (Transportoperationen), arithmetische Operationen, logische Operationen, Vergleichsoperationen, Verzweigungsoperationen, Adreßrechnungsoperationen usw.

Operator: Tätigkeits- oder Berufsbezeichnung für Personen, die den Arbeitsablauf und die Funktionen der *Zentraleinheit* sowie der angeschlossenen peripheren Geräte überwachen und steuern.

Ordnungsbegriff: Dient der eindeutigen Identifizierung eines *Datensatzes*, z. B. Artikelnummer, Kundennummer.

Organisator: Tätigkeits- bzw. Berufsbezeichnung für Personen, deren Aufgabe es im Rahmen der *EDV* ist, sachlich richtige Konzepte für die Lösung von Aufgaben durch Einsatz der *EDV* zu erstellen.

Programm: Eine Folge von *Instruktionen,* durch die die Verarbeitung von *Daten* im *Computer* gesteuert wird.

Programmablaufplan (Flußdiagramm): Graphische Darstellung der Reihenfolge und logischen Verknüpfung der *Operationen* eines *Programms.* Der Programmablaufplan dient als Vorbereitung für das *Codieren.*

Programmausstattung siehe *Software.*

Programmieren: Überbegriff für alle Tätigkeiten, die erforderlich sind, um ein Datenverarbeitungs*programm* zur Lösung einer definierten Aufgabe zu erstellen. Dabei sind in der Regel folgende arbeitstechnischen Stufen zu unterscheiden: Erstellung eines detaillierten *Programmablaufplans, Codierung, Testen* und Korrigieren.

Programmierungssprache: Sprachen, die eigens zur Formulierung von *Programmen* geschaffen wurden. Die Programmierungssprachen lassen sich in *maschinenorientierte* und *problemorientierte* Sprachen einteilen. Maschinenorientierte Sprachen (z. B. Assembler) nehmen auf die Besonderheiten einer bestimmten Computertype Rücksicht, halten sich daher eng an die *Maschinensprache,* nur verwenden sie Symbole als *Anweisungen,* die sich der *Programmierer* auf Grund *mnemotechnischer* Hilfen leichter merkt.

Problemorientierte Sprachen nehmen Rücksicht auf die Klasse von Problemen, die in dieser Sprache gelöst werden sollen. Man unterscheidet *technisch-wissenschaftliche* Sprachen wie ALGOL, FORTRAN und Sprachen für den *kommerziellen* Bereich wie COBOL. Die Programmiersprache PL/I ist *universell* verwendbar.

Programmschleife: Eine Befehlsfolge, die mehrmals durchlaufen werden kann. Dabei werden gewöhnlich *Befehle* (siehe bei *Instruktion*) oder *Daten*werte bei jedem Schleifendurchlauf modifiziert. Bei Erfüllung eines bestimmten Kriteriums wird die Wiederholung abgebrochen, zum Beispiel, wenn ein Zähler (Schleifenzähler) einen vorher festgesetzten Wert *(Konstante)* erreicht hat.

Prozeßsteuerung: Fertigungsprozesse bzw. Kraftwerke können ganz oder teilweise von *Computern* gesteuert werden. Hierzu werden neben *Digital-* auch *Analogrechner* eingesetzt. Wenn digital und analog arbeitende Einheiten zusammen eingesetzt werden, spricht man von *Hybridrechnern.* Bei einer Prozeßsteuerung wird der Verlauf eines Prozesses durch Meßwerterfassung verfolgt und über geeignete Einrichtungen wird in Abhängigkeit von den Meßergebnissen direkt auf den Prozeß im Sinne vorgegebener Werte eingewirkt. Werden die erfaßten Werte nur gemeldet, spricht man von einer Prozeßverfolgung.

Real-time-Verarbeitung siehe *Echtzeitverarbeitung.*

Rechenwerk: Bestandheit der *Zentraleinheit;* führt die Rechenoperationen des *Programms* durch.

Schaltalgebra siehe unter *logische Algebra.*

Schaltelemente (Bauelemente): Die Entwicklung der Schaltelemente war von großer Bedeutung für die *EDV.* Die *Relaisrechner* wurden 1946 von *elektronischen Rechnern* abgelöst, die *Elektronenröhren* benutzten. Der Einsatz der *Transistoren* als Bauelemente wirkte sich positiv auf den Raumbedarf, die Arbeitsgeschwindigkeit und die Verminderung der Störanfälligkeit von *Computern* aus. Heute werden *integrierte Schaltelemente* verwendet, bei denen sämtliche Bauelemente einer Schaltung (Transistoren, Dioden und Widerstände) sowie die dazugehörigen Verbindungen in einem gemeinsamen Prozeß hergestellt und zusammengebaut werden.

Schubverarbeitung siehe *Stapelverarbeitung.*

Sichtgerät (Bildschirm): *Daten* können auch auf dem Bildschirm einer Kathodenstrahlröhre sichtbar gemacht werden. Zum Zweck der Dateneingabe sind die Sichtgeräte mit einer Tastatur ausgestattet. Bildschirme sind hervorragend geeignet, die Datenein/ausgabe zu dezentralisieren, wodurch ein Engpaß der *Datenverarbeitung* beseitigt wird. Außerdem sind sie das wichtigste Organisationsmittel der *EDV* zur Beseitigung der Papierberge und zur Erreichung der aktenlosen Geschäftsführung.

Software (Programmausstattung): Gesamtheit der *Programme,* die zum Betrieb eines Datenverarbeitungssystems erforderlich sind. Einen wesentlichen Teil der *Software* stellt das *Betriebssystem* dar, welches in der Regel vom Hersteller gemeinsam mit der DV-Anlage *(Hardware)* geliefert wird. Bezeichnet manchmal nur die Gesamtheit aller Grundprogramme.

Speicherprogrammierung: Die von John v. Neumann formulierte Idee des als Information gespeicherten *Programmes,* welches vom *Computer*

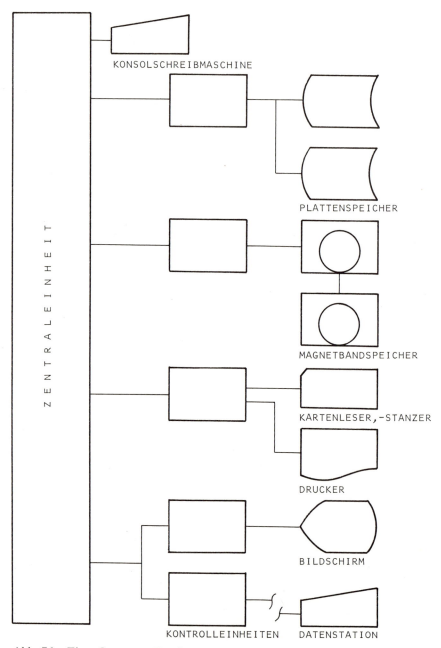

Abb. 76 Eine Computer-Konfiguration, d. h. die Zusammenstellung der verschiedenen Geräte und Einheiten zu einem Datenverarbeitungssystem

in gleicher Weise wie die *Daten* behandelt, d. h. verändert werden kann. Diese Idee öffnete die Tür zur modernen *Datenverarbeitung*.

Stapelverarbeitung (Schubverarbeitung): Alle von einem *Computer* mit einem bestimmten *Programm* zu verarbeitenden Geschäftsvorfälle werden gesammelt und zu bestimmten Terminen in einem Schub verarbeitet.

Steuerwerk: Bestandteil der *Zentraleinheit,* der die einzelnen *Instruktionen* eines *Programms* interpretiert und die Ausführung steuert.

Systemanalytiker: Tätigkeits- bzw. Berufsbezeichnung für Personen, die *Systemanalysen* vornehmen.

Systemanalyse: Tätigkeit, bei der aus einem organisatorisch feststehenden Konzept zur Lösung einer Aufgabe durch Einsatz der *EDV* programmierreife Unterlagen entstehen. Die Systemanalyse muß einerseits so erstellt sein, daß das vom *Organisator* entwickelte Konzept möglichst erhalten bleibt, andererseits muß auf die vorhandenen Möglichkeiten der zur Verfügung stehenden *Datenverarbeitungsanlage, Software,* Programmierkapazität und Zeit Rücksicht genommen werden.

Terminal siehe *Datenendgerät*.

Testen: Ein *Programm* mit sorgfältig ausgewählten Beispielen prüfen, um Irrtümer im Programm zu entdecken.

Übersetzungsprogramm (Compiler): Übersetzt ein in einer *Programmiersprache* geschriebenes *Programm* in den maschineninternen *Code (Maschinensprache).*

*Variable: Daten*element, dessen Zahlenwert sich während der Verarbeitung ändert. Gegenteil von *Konstante*.

Zeichen: Ein Element aus einer Menge vereinbarter Elemente, die zur Informationsübermittlung benutzt werden sollen. Jedes Element besitzt eine oder mehrere konventionelle Darstellungen, z. B. auf Papier, in der Lochkarte oder im Kernspeicher. Im Binärsystem gibt es die Zeichen 0 und 1. Man unterscheidet ferner Buchstaben, Ziffern und Sonderzeichen (z. B.: ()%§ = ":').

Zentraleinheit: Kernstück des *Computers*. Enthält den *Hauptspeicher,* das *Steuerwerk* und das *Rechenwerk*.

Namenverzeichnis

Kein vollständiges Register, dafür aber mit kurzen Kommentaren versehen.

Adrian, Marc (geb. 1930)
Wiener Computer-Graphiker.

Aiken, Howard H. (geb. 1900)
Mathematikprofessor in Cambridge bei Boston, USA, Ehrendoktor der Technischen Hochschule Darmstadt, baute die erste universelle Relaisrechenanlage in USA, einer der wichtigsten Pioniere des Computers, lebt jetzt in Florida.

Alsleben, Kurd (geb. 1928)
Begann 1960 mit Computer-Graphiken und befaßt sich mit Kunsttheorie.

Apollodoros (geb. 180 vor Chr.)
Beschrieb den Roboter Talos, der die Insel Kreta gegen Eindringlinge schützte.

Ashby, W. Ross (geb. 1910)
Englischer Kybernetiker, jetzt an der Universität von Illinois, USA. Baute 1950 den Homöostaten.

Babbage, Charles (1792—1871)
Mathematikprofessor in Cambridge, England, Erfinder des programmgesteuerten Rechenautomaten. Baute ab 1822 die Differenzenmaschine und ab 1833 die analytische Maschine.

Badings, Henk (geb. 1907)
Holländischer Komponist, lehrt jetzt auch in Stuttgart. Schrieb im Philips Studio elektronische Musik, zum Beispiel für den von Le Corbusier erbauten Pavillon auf der Brüsseler Weltausstellung 1958.

Beckmann, Otto (geb. 1908)
Wiener Graphiker, bildet zusammen mit A. Graßl die *Experimentalarbeitsgruppe ars intermedia*.

Beer, Stafford (geb. 1926)
Britischer Management-Spezialist, Verfasser mehrerer Bücher.

Beethoven, Ludwig van (1770—1827)
Schrieb Stücke für die Flötenuhr und eine stereophonische Komposition für zwei Automaten, *Wellingtons Sieg*, die er dann für zwei Orchester umschrieb.

Bense, Max (geb. 1910)
Deutscher Philosoph, befaßt sich mit rationaler Ästhetik.

Bowman, John R.
: Physikochemiker aus Pittsburgh, gab 1952 die größte Zahl an, die je wissenschaftlich betrachtet wurde, die Zahl der möglichen menschlichen Gehirne.

Butler, Samuel (1835—1902)
: Englischer Schriftsteller; schrieb 1869 den *Traktat über die Maschinen*, den er anschließend zu dem Buch *Erewhon* ausarbeitete (auf Deutsch: *Jenseits der Berge*). Er macht sich darin über die Evolutionstheorie lustig.

Cannon, Walter B. (1871—1945)
: Amerikanischer Physiologe, beschrieb das Phänomen der Homöostase im Lebewesen: die Konstanthaltung durch Regelkreis und Umschaltung.

Čapek, Karel (1890—1938)
: Tschechischer Schriftsteller, der mit seinem Drama *Rossums Universal Robots (R.U.R.)*, in deutscher Übersetzung *Werstands Universal Robots*, das Wort *Roboter* in die Weltliteratur einführte.

Chowarizmi, Mohammed ibn Muza al (um 800)
: Arabischer Mathematiker. Schrieb um 820 ein Buch über Algebra. Aus seinem Namen (Geburtsort, heute Choresm) ist der Name *Algorithmus* abgeleitet.

Couffignal, Louis (1902—1966)
: Französischer Mathematikprofessor und Pionier des Computers.

Descartes, René (1596—1650)
: Legt in seinem *Discours de la méthode* den Grundstein für die mathematisch-physikalische Naturerkenntnis.

Dürer, Albrecht (1471—1528)
: Machte Computergraphik: in seiner *Unterweisung der Messung* zeichnete er nach einem Algorithmus.

Eckert, John Presper (geb. 1919)
: Amerikanischer Ingenieur, baute den ersten vollelektronischen Computer ENIAC und die erste industriell gefertigte und vertriebene Rechenanlage UNIVAC.

Eddington, Arthur (1882—1944)
: Englischer Physiker und Astronom, versuchte die Zahl der Teilchen der Schöpfung zu berechnen.

Euler, Leonhard (1707—1783)
: Schweizer Mathematiker, der auch in Berlin und in St. Petersburg wirkte. Schrieb eine Theorie der Musik.

Franke, Herbert W. (geb. 1927)
   In Wien geborener, in Deutschland wirkender Kunst-Theoretiker, Computer-Graphiker und Publizist.
Gödel, Kurt (geb. 1906)
   Mathematiker und Logiker, jetzt in Princeton, USA. Schrieb 1936 als Wiener Universitätsdozent eine revolutionierende Arbeit über die Unentscheidbarkeit axiomatischer Systeme.
Graßl, Alfred (geb. 1941)
   Wiener Diplomingenieur, arbeitet mit Otto Beckmann zusammen (*Experimentalgruppe ars intermedia*).
Händel, Georg Friedrich (1685—1759)
   Schrieb Stücke für die Flötenuhr.
Hauer, Joseph Matthias (1883—1959)
   Österreichischer Komponist, der um 1920 unabhängig von Schönberg eine eigene Zwölftonmusik schuf.
Haydn, Joseph (1732—1809)
   Schrieb Stücke für die Flötenuhre
Heron (lebte im 1. Jahrhundert nach Chr.)
   Baute Automaten und schrieb Bücher über Automatisierung und über das mechanische Theater (*Pneumatica, Automata*).
Hiller, Lejaren A. (geb. 1924)
   Musikprofessor, ursprünglich Chemiker, entwarf Programmierungssysteme für die Komposition und komponierte 1956 die ILLIAC Suite, das bereits klassische Werk der Computer-Komposition.
Hollerith, Hermann (1860—1929)
   Sohn deutscher Einwanderer nach den USA. Erfinder der Lochkartentechnik für Statistik und Büro.
Homer (um 800 vor Christus)
   beschrieb verschiedene Automaten und Roboter.
Jaquet-Droz, Pierre (1721—1790)
   Neuenburger Uhrmacher. Er und seine beiden Söhne bauten zahlreiche Automatenuhren und Automaten, insbesonders einen Schreiber, einen Zeichner und eine Orgelspielerin.
Jelinek, Hanns (1901—1969)
   Zwölftonkomponist und Professor an der Wiener Musikakademie.
Kempelen, Wolfgang von (1734—1804)
   Hofrat der Siebenbürgischen Hofkammer in Wien, Ingenieur und Forscher. Schrieb ein Buch über die Sprache, baute Sprechmaschinen und, als psychologischen Trick, einen falschen Schachautomaten.

Kepler, Johannes (1571—1630)
: Erhielt die Briefe, in denen Schickart seine Rechenmaschine beschreibt.

Kircher, Athanasius (1601—1680)
: Jesuitenpater. Beschrieb zahlreiche Automaten und eine Komponiermaschine.

Kirnberger, Johann Philip (1721—1783)
: Musiktheoretiker, einige Zeit am Hofe Friedrich II. Er schrieb zwei Anweisungen für das algorithmische Komponieren mit Hilfe von Würfeln.

Knaus, Friedrich von (1724—1789)
: Mechaniker am Wiener Hof. Baute den Schreibautomaten für Franz Stephan von Lothringen. Mit seinem Vater und seinem Bruder brachte er die Vorstellungsuhr nach Wien und aus seinem Nachlaß stammt die Ritterspieluhr, einer der schönsten Automaten der Welt (Wiener Hofburg).

Kohout, Pawel (geb. 1928)
: Tschechischer Dramatiker. Schrieb *August August, August*.

Kupper, Hubert
: Komponiert mit Hilfe des Computers.

La Mettrie, Julien O. de (1709—1751)
: Französischer Arzt. Schrieb 1748 das Buch *L'homme machine*.

Laposky, Ben F.
: Erzeugte seit 1952 Oszillographik in USA.

Leibniz, Gottfried Wilhelm (1646—1716)
: Baute die erste Vierspeziesrechenmaschine mit Stellenverschiebung und Quotientenwerk.

Lullus, Raimundus (1235—1315)
: Entwarf logische Maschinen und wollte damit die Bekehrung der Mohammedaner fördern.

Mälzel, Johann Nepomuk (1772—1838)
: Baute das Panharmonium, zahlreiche andere Automaten, und stahl dem Mechaniker D. N. Winkel die Erfindung des Metronoms.

Markow, Andrei A. (geb. 1903)
: Russischer Mathematiker. Schrieb eine Theorie der Algorithmen.

Mauchly, John W. (geb. 1907)
: Amerikanischer Physiker und Forschungsingenieur. Baute mit J. P. Eckert den ersten vollelektronischen Computer ENIAC und die erste industriell gefertigte Rechenanlage UNIVAC.

Meertens, Lambert
: Programmierer im Amsterdamer Mathematisch Centrum. Komponiert mit Hilfe des Computers. Erhielt einen Preis der IFIP.

Molière, Jean Baptiste (1622—1673)
: Französischer Dramatiker, in dessen Bühnencharakteren die mechanistische Auffassung manchmal zum Ausdruck kommt.

Morse, Samuel (1791—1872)
: Amerikanischer Kunstmaler. Erfand den Morsetelegraphen und den Morse-Code.

Moscheles, Ignaz (1794—1870)
: Pianist und Komponist.

Mozart, Wolfgang Amadeus (1756—1791)
: Schrieb Stücke für die Flötenuhr.

Nake, Frieder (geb. 1938)
: Erzeugt Graphiken mit Hilfe des Computers.

Nees, Georg (geb. 1926)
: Erzeugt Graphiken mit Hilfe des Computers.

Noll, A. Michael
: Erzeugt Graphiken mit Hilfe des Computers.

Neumann, John von (1903—1957)
: In Budapest geborener, in Berlin und dann in den USA wirkender Mathematiker, wahrscheinlich einer der genialsten dieses Jahrhunderts. Schuf die logischen Grundlagen des Computers und baute mehrere Pioniermaschinen, hatte die Idee, das Programm im Hauptspeicher unterzubringen.

Pascal, Blaise (1623—1662)
: Französischer Mathematiker, Physiker und Philosoph. Baute die erste vollautomatische Addiermaschine.

Pask, Gordon (geb. 1928)
: Englischer Kybernetiker, der bemerkenswerte Lehrmaschinen baute.

Pawlow, Iwan P. (1849—1936)
: Russischer Physiologe. Entwickelte die Lehre vom bedingten Reflex.

Petzval, Josef (1807—1891)
: Ingenieur, Mathematiker und Hochschulprofessor; konstruierte erstmals ein Photo-Objektiv großer Öffnung, das mit Hilfe von Einjährig-Freiwilligen berechnet und von Voigtländer gebaut wurde.

Popper, Sir Karl (1902)
: In London wirkender Wiener Philosoph, der aus dem Ideenbereich des Wiener Kreises heraus sein Prinzip der Falsifizierung entwickelte: da

man gewisse allgemeine Sätze nicht streng beweisen kann, soll man sie wenigstens gründlich und gewissenhaft auf Widerlegungsmöglichkeiten prüfen.

Sala, Oskar
Elektroniker und Musiker, entwickelte das Trautonium weiter und komponiert elektronische Musik.

Schäffler, Otto (1838—1928)
Wiener Mechaniker
Führte 1890 Hollerithmaschinen nach Wien ein und ermöglichte die Auswertung der österreichischen Volkszählung auf der Lochkartenanlage. Erhielt 1895 ein Patent auf das Programmieren mit Kabeln (Telephonvermittlungsschnüren).

Schickart, Wilhelm (1592—1635)
Theologe und Astronom. Baute die erste, noch nicht völlig automatische Vierspeziesmaschine, über die er Kepler berichtete.

Schönberg, Arnold (1874—1951)
Österreichischer Komponist, schuf um 1920 die Zwölftontechnik der Komposition.

Shannon, Claude E. (geb. 1916)
Amerikanischer Mathematiker, Schöpfer der statistischen Informationstheorie, Förderer der Schaltalgebra. Baute mehrere Automaten, darunter die Maus im Labyrinth, und begann, den Computer für die Komposition zu verwenden.

Spohr, Louis (1784—1859)
Deutscher Violinist und Komponist; lebte von 1812 bis 1816 in Wien.

Steinbuch, Karl (geb. 1917)
Nachrichtentechniker und Kybernetiker, erfand eine Lernschaltung (Lernmatrix) und schrieb zahlreiche erfolgreiche Bücher.

Stiegler, Hermann Josef (geb. 1920)
Erzeugt seit 1965 Graphiken mit Hilfe von Algorithmen.

Sumner, Lloyd
Amerikanischer Computer-Graphiker, als erster Künstler bekannt, der allein von Computer-Graphik lebt.

Quevedo, Leonardo Torres y (1852—1936)
Spanischer Erfinder. Baute 1920 eine elektromechanische Rechenmaschine und 1912 den ersten Schachspielautomaten.

Trautwein, Friedrich (1888—1956)
Erfand das Trautonium.

Turing, Alan M. (1912—1954)
: Englischer Mathematiker. Erfand die Turing-Maschine, die als Basis für eine Theorie der Algorithmen dient und schrieb einen Aufsatz *Kann der Computer denken?*

Vaucanson, Jacques de (1709—1782)
: Französischer Mechaniker. Verbesserte die Lochkartensteuerung von Webstühlen und baute viele Automaten, insbesonders den künstlichen Enterich und zwei Musikautomaten.

Wagner, Franz
: Komponierte um 1955 mit Hilfe einer teils digitalen, teils analogen Elektronikschaltung.

Watt, James (1736—1819)
: Erfand die heutige Form der Dampfmaschine und den Regulator, das Grundbeispiel für die regelnde Rückkopplung.

Walter, W. Grey (geb. 1910)
: Englischer Neurologe. Baute nach einem Algorithmus, den Pawlow beschrieb, die *künstliche Schildkröte*, den Automaten für die Darstellung des bedingten Reflexes.

Webern, Anton (1883—1945)
: Österreichischer Komponist, der von der Zwölftonmusik auf die Serielle Musik überleitete.

Whitney, John J.
: Amerikanischer Künstler. Stellte mit Hilfe des Computers den Farbfilm *Permutations* her.

Wiener, Norbert (1894—1964)
: Amerikanischer Mathematiker. Schrieb das Buch *Cybernetics* und baute Automaten.

Winkel, Diederich Nikolaus (1777—1826)
: Deutscher Mechaniker und Musikinstrumentenbauer, der in Amsterdam wirkte. Erfand das erste brauchbare Metronom und baute das *Componium*, die erste Komponiermaschine mit dem ersten technischen Zufallsgenerator.

Wittgenstein, Ludwig (1889—1951)
: Österreichischer Philosoph. Schrieb den *Tractatus Logico-philosophicus,* der als eine philosophische Vorwegnahme des Computer-orientierten Denkens interpretiert werden kann.

Xenakis, Iannis (geb. 1922)
: In Paris lebender griechischer Komponist, der den Computer zum Komponieren verwendet.

Zuse, Konrad (geb. 1910)
Pionier des Computers. Erfand zahlreiche Recheneinrichtungen, baute den ersten universellen Rechenautomaten und entwarf einen Vorläufer der Programmierungssprachen.

Bildnachweis

Abb. 2: Staatsbibliothek der Stiftung Preußischer Kulturbesitz, Bildarchiv Feldhaus, Berlin
Abb. 3, 9, 14, 15, 20, 31, 37, 40, 41, 44, 64, 75: IBM
Abb. 4, 5: Kunsthistorisches Museum, Wien
Abb. 6: Technisches Museum, Wien
Abb. 7, 8, 28, 43, 49 aus der Fernsehreihe (Jiri Stibr)
Abb. 28, 29, 30: Museé Neuchâtel
Abb. 48: Conservatoire royal de Musique, Brüssel
Abb. 50 entnommen aus „Die Briefmarke", Wien, Vol. 18/132
Abb. 52, 56 Nachgedruckt mit Erlaubnis von „Computers and Automation", August 1970. Copyright 1970 Berkeley Enterprises, Inc., Newtonville, MA, U.S.A.
Abb. 54: Siemens AG, München
Abb. 55, 57, 60 entnommen aus „Magazin Kunst", Mainz, Vol. 10, Heft 39
Abb. 58, 59: Dokumentation Werkstatt Breitenbrunn Wb 2, 1968
Abb. 70: Paul Flora, Innsbruck, entnommen aus „Der Zahn der Zeit", Diogenes Verlag, Zürich
Abb. 72: Oldenbourg Verlag, München